成功家庭教育的智慧汇聚  改变孩

王 铄 编著

父母教育子女最重要的
36种方法

北京日报报业集团

同心出版社

图书在版编目（CIP）数据

父母教育子女最重要的 36 种方法 / 王铄编著 .
北京：同心出版社，2014.1（家教实用读本）
ISBN 978 - 7 - 5477 - 1151 - 4

Ⅰ . ①父… Ⅱ . ①王… Ⅲ . ①家庭教育－方法 Ⅳ . ① G78

中国版本图书馆 CIP 数据核字 (2014) 第 004395 号

父母教育子女最重要的 36 种方法

出版发行：同心出版社

地　　址：北京市东城区东单三条 8-16 号东方广场东配楼四层

邮　　编：100005

电　　话：发行部 :（010）65255876

　　　　　　总编室 :（010）65252135 - 8043

网　　址：www.beijingtongxin.com

印　　刷：北京龙跃印务有限公司

经　　销：各地新华书店

版　　次：2014 年 4 月第 1 版

　　　　　　2014 年 4 月第 1 次印刷

开　　本：710 毫米 ×1000 毫米　　1/16

印　　张：12.75

字　　数：200 千字

定　　价：24.00 元

前　言

在家庭生活中，父母与孩子时刻离不开沟通；而对孩子的教育，多数也需要沟通才能进行，至于效果怎么样，如何交流更是大有学问。

下面是两个小事例，能充分说明正确沟通的重要性。

事例一：

周六，阳光明媚，清风徐徐，是一个出行的好天气。我问儿子小宇："你想去爬山吗？我觉得这样好的天气，要是出去爬山，既能锻炼身体，又能愉悦身心，是个不错的选择呀！你说呢？"

小宇歪着头思考了一会儿说："的确不错！好吧，妈妈，我和您一起去爬山。"

随后，我就带着儿子出发了，爬附近已经去过几次的高山。儿子在爬山的过程中，一声都没喊累，有时候爬得比我都快。那天，我们玩得十分开心。

事例二：

周日，表妹有事要出去，不方便带女儿小黎。在没有征询孩子意见的情况下，要把她送到奶奶家里去。

小黎知道了，不愿去，可是又不敢公然反对，一路上有意拖延时间，不是左右观看，就是喊累，要歇息一会儿。就这样走走停停，结果，等把小黎送到了她奶奶那儿，再看时间，办事已经迟到。表妹批评女儿不懂事，耽误了自己的事，说完匆忙离开。小黎感觉十分委屈，在奶奶那儿待了一天，不时地流眼泪。

第一个例子，出游之所以会取得良好的效果，是因为进行了有效的沟通。妈妈尊重孩子，征询他的意见，儿子也因此配合妈妈，结果两人都开心。

第二个例子，表妹因为与女儿之间没有沟通，或者说没能进行有效的沟通，导致不良的后果，表妹耽误了事，孩子也是哭哭啼啼。

英国著名教育家斯宾塞曾说：聪明的父母总是善于与孩子进行心灵的沟通。因为，一个对孩子心理一无所知的父母，是无法对孩子贯彻自己的教育理念的。孩子有意见得不到及时交流，主要责任在于父母没有给予应有的重视或掌握不好沟通的火候，甚至有的父母认为对孩子唠叨一顿就是沟通，结果自然是适得其反。

他的这段话，充分说明了沟通在家庭教育中占据着至关重要的地位，同时也点明了许多父母根本就不懂沟通。

本书立足于国内家庭教育中父母与孩子沟通不畅的实际情况，分别从沟通的不同侧面，通过可读性很强的小故事，告诉父母应该如何正确与孩子进行沟通，应该怎么与孩子进行有效的、更好的沟通，以便减少父母和孩子之间的冲突，使亲子关系变得融洽，从而提高教育效果……

希望那些与孩子零沟通或者沟通不畅的父母，能够通过本书介绍的沟通技巧、方法，与孩子建立起良好的沟通关系，轻松地把孩子培养成才。

目 录 CONTENTS

第一章
掌握沟通的基础

一、营造平等、民主的沟通氛围

　　有一次，我带着女儿小雪去公园玩。两人走走停停，大概转了一个多小时，小雪拽着我的胳膊使了一下劲说："妈妈，歇会儿吧。"

　　"闺女，累了吧？那边有一长椅，咱们坐那里休息去。"我听女儿说那话，就知道她是走累了，说着，便带着小雪朝长椅走去。

　　坐下后，小雪靠在我的肩膀上说："妈妈，您知道吗？我最喜欢与您在一起了。"

　　从平时的表现中，我知道女儿比较依恋我，但听到她亲口这样说，还是第一次。我心里很高兴，笑着问："小雪，喜欢和妈妈在一起，难道不喜欢与爸爸在一起吗？"

　　"不喜欢！"小雪想都没想就回答。

　　"为什么啊？"我有意问女儿，想听听原因，回去劝爱人改变对待孩子的方式。

　　"就拿现在来说吧，要是我与爸爸一起出来玩，他说走哪里就走哪里，我累了的话，也不会和他说，就是对他说了，爸爸也不一定采纳我的建议。所以，我不喜欢和他在一起。"

　　"你是说，爸爸做事不和你商量？"我问。

　　"是啊，他做什么总爱独断专行！老是端着父亲的架子。"小雪给爸爸下了这样一个断语，接着叹了口气说，"爸爸要是有妈妈您一半民主，我和弟弟就知足啦！"

　　我没有想到，因为爱人做什么不喜欢征询孩子的意见，习惯指使孩子做事，就在女儿心中留下如此不好的印象，致使父女关系疏远。与此同时，我还想进一步了解女儿的心理，就接着问："小雪，爸爸做什么不爱和你商量，你当时心里会怎么想？"

"我当然不高兴啦，不高兴就不按照他所说的去做。"

女儿这句话，一下子让我想起了她五岁时发生的一件事——

一天，小雪独自在家里玩，把玩具都拿了出来，弄得满地都是。

爱人做好饭，走出来一看遍地的玩具，心里有些生气，就对小雪说："把玩具赶快收起来放好，否则你就别想吃饭。"

小雪好像没听见似的，丢下手里正在玩的芭比娃娃，来到沙发上，又拿起沙发垫往上扔着玩。

"小雪，我让你收拾玩具，你不仅不收拾，还去玩别的，是不是嫌屋里不够乱啊？我再告诉你一次，你要是不把玩具收起来放整齐，就不准吃饭。"爱人见小雪对自己的话充耳不闻，看情形还好像有意在与自己作对，更加生气了，再一次警告女儿。

看着爸爸怒气冲冲的样子，小雪没有害怕，而是不紧不慢地问了句："爸爸，您不会用商量的口气和我说话吗？"

爱人突然间被小雪这一问，想说什么，张了张嘴，一下子却不知道该说什么才好，又把嘴巴闭上，用眼睛瞪女儿。

我刚好抱着一岁的小宇从里屋走出来，听到女儿的话，急忙接过来说："爸爸当然会了，只是他忙着给咱们一家人做饭，饭做好后却看见小雪还没有自觉地收拾起玩具，有些生气才这样说。妈妈相信，小雪很快就能把玩具收拾好的，是不是？"

小雪听后，微笑着朝我点了点头，又面向爸爸伸了伸舌头，做了个鬼脸，接着走下沙发，去收拾地上的玩具了。

那时候，我只是发现女儿爱听我的话，愿意按照我的吩咐做事，并没有深想其中原因。如今，女儿都上初二了，亲耳听到她说以上话，我才进一步了解了女儿的心理。

小雪说这些，可能是脱口而出，但却足以说明她心中最渴望的东西。我想，不仅我女儿有这种心理，所有的孩子，应该都渴望父母把自己当成朋友，平等对待，别用父母的姿态来压自己吧?

感悟点滴

孩子是独立的个体，随着年龄的增长，越来越渴望与父母平等相处，彼此能像是朋友。如果父母总以一种高高在上的姿态对孩子，孩子就会有抵触的情绪，有意疏远父母，甚至会故意作对。

身为父母，不管孩子大小，都要尽可能去满足孩子希望得到平等、民主的心理，这样孩子才会配合父母，愿意听从指挥，进而顺从、懂事。

我小时候，称得上是一个懂事、听话的好孩子，每当亲戚朋友这样夸奖的时候，妈妈也会朝我微笑、点头，表示赞赏。其实，只有我心里最清楚，自己的懂事，源于妈妈平等、民主的做法。

很多时候，许多事情，妈妈总是与我商量。所以我比较乐意听从她的指挥。其中，印象中最深的一次，是在我读小学三年级的时候。

记得那段时间，不知道是因为什么，村干部经常找党员去镇上的电影院开会，每次开完会，还要放一场电影，免费给党员看。

妈妈是名党员，所以不可避免地时常去开会。第一次开会的时候，妈妈看了那场免费的电影。中午饭是爸爸所做，妈妈回家时，我和姐姐及爸爸正在吃饭。

她有些愧疚地对我们说："开完会后，放了场免费的电影，才回家晚了，以后不再看了。"

一向爱玩的我听了妈妈这话，立即来了精神，睁大眼睛问妈妈："真的吗?"

妈妈点头说："听说以后每次开完会，都会放场免费的电影。"

她说者无心，我听者有意。第二次知道妈妈去开会，我放学后，撒腿就往镇上跑，为的是看那场免费的电影。

而妈妈，却因为家中忙，只是第一次看了，此后开完会就回家，没有再看过电影。

我呢，此后只要是听说妈妈去开会，每次上午放学后必去看电影。因为电影结束的比较晚，我看罢电影，再从镇上跑回家吃饭，下午上学往往会紧迫，有时候甚至会迟到。

妈妈为此找到我，温和地说："妈妈知道你喜欢看电影，其实啊，妈妈也喜欢看，只是因为要回家做饭，还要收拾家务，才没有看电影。你呢，现在主要的任务是学习，即便是喜欢看电影，也应以上学为主，以学业为重，对不对？"

听妈妈说得在理，而且态度温和，对我像朋友似的那样开导，虽然我还十分想去看电影，却主动控制自己，当即点头答应说："妈妈，我听你的，以后不会再看了。"

此后，妈妈又开了几次会，依然还会免费放电影，我说到做到，再也没有去看。

从自身经历以及教育孩子的过程中，我体验到了营造平等、民主沟通氛围的有效与重要。所有的父母，都应该学会这样与孩子进行沟通。

但是，父母要为孩子创造一个平等、民主的沟通氛围，也需要把握一个度，否则过犹不及，父母会在孩子心中变得没有一点权威，这样对孩子的教育也不利。

记得有一次，我去楼下的超市买东西，正在挑选之时，就听一个男孩说："妈妈，我要吃冰激凌。"

我回头去看，一个四五岁的小男孩，拉着妈妈的手，仰着头说。

"宝贝，你刚才不是还说肚子疼吗，吃了冰激凌啊，肚子就会更疼。等下次你肚子不疼了，妈妈再给你买，好不好？"年轻的妈妈弯腰对儿子说。

"不行，我现在就要吃。"男孩态度十分蛮横。

无奈之下，年轻的妈妈只好使用别的办法。她答应着"好"，站直身对收银员摆了摆手，接着问："这里有冰激凌吗？"

收银员是个小姑娘，她把刚才母子的对话都听在了耳中，配合着摇了摇头说："没有冰激凌了，卖完啦。"

"宝贝，听见了吧，人家说卖完了，走，咱们明天再过来买。"年轻的妈妈说着话，去拉儿子的手。

小男孩一把把妈妈的手甩开，迅速地跑到冰柜前面，努力挪开盖子，从中挑选一种自己最喜欢吃的冰激凌，拿着它回到妈妈面前说："您骗不了我的，付钱吧。"说着，拆开包装，吃了起来。

男孩毫无忌惮的言行，把他妈妈弄得十分尴尬。我看到，她的脸顿时涨得通红，她无可奈何地看了儿子一眼，不知道该说他什么。继而可能想到还没有结账，转脸问收银员："多，多少钱？"因为过于难堪，说话都变得结结巴巴。

再看小男孩，摇头晃脑地吃着冰激凌，一副得意洋洋的模样。

这情景，我看着有一种说不出的心酸。

感悟点滴

现在的年轻夫妻，基本上都是一个孩子，爱孩子理所当然，与孩子沟通做到平等、民主，更是理所应当。

但是，父母一定要把握好度，不能因为要做到平等、民主，就任由孩子为所欲为。日常生活中，孩子要求得合理，给予满足，要求得不合理，要严词拒绝。

否则，孩子很容易就会成为家中的小霸王，说要什么就要什么，说什么就是什么，稍有不如意，还会对父母发脾气，父母反而成了受指使的对象。如此，同样不利于孩子心理健康地成长。

二、尽可能地尊重孩子

前几天，我带着小宇去市场，路过卖西瓜的地方，儿子看到切开的西瓜瓤又红又沙，有些馋了，就对我说："妈妈，咱们买个西瓜吃吧。"

"好呀，我问问多少钱一斤。"说着话，我面向商贩，正要开口问价。

"妈妈，我要吃西瓜。"这时候，身后一个稚嫩声音响起。

我回头看时，一个三十多岁的妇女，手拉着一个十来岁的男孩，正往西瓜摊上看。刚才要吃西瓜的，就应该是这个小男孩。

"现在西瓜太贵，等到夏天再吃吧。"男孩的妈妈说。

"不，我就要吃，妈妈给我买。"

"这瓜不贵，给孩子买一个吧。"商贩想做成这笔买卖，主动搭话说。

男孩的妈妈没理商贩，用手指着儿子的脸说："你天天就知道要吃的，是猪呀，还什么贵要吃什么，也真敢开口。快点走，下次再也不带你出来了，给我丢人现眼。"说着，伸手一把拉住小男孩的手，离开了西瓜摊。

男孩一边哭着，还一边朝西瓜这边望。

"二位，要买西瓜呀？这瓜很甜！"摊贩见那对母子走了，忙招呼我们。

"多少钱一斤？"我问。

"不贵，三块钱一斤。"

"给我挑大个的、熟一点的。"我不怎么会挑西瓜，让小贩帮我挑选。

"妈妈，还是不要买西瓜了吧！"小宇拉了拉我的衣服说，随后又转脸对商贩说："我们不要西瓜了，您别忙活啦！"说完话，儿子拉着我就走。

"不好意思呀，下次过来再买。"我见小宇情绪不对，一边对商贩说，一边随着儿子往前走。

出了市场，我放慢脚步，蹲下身子，盯着儿子问："小宇，你怎么了？刚才不是还说想吃西瓜吗？怎么又不让我买了呢？"

"妈妈，没事，我就是不想吃了。"小宇躲闪着我的眼睛，低着头，没有过多解释。

看到儿子前后态度巨大的变化，我觉得十分诧异，突然间想到刚才那位妇女数落儿子的话，我想儿子一定受到了她的影响。

于是顺从儿子的心意，随他一起回到家。

后来，小宇主动给我提起这件事，说他听到那个男孩的妈妈骂儿子的话后，心里十分难过，感觉她好像也是在骂自己是的，所以不愿意让我买西瓜了，即便买后，他也没有心情吃了。

听儿子这样说，再想想他当时难受的样子，我在想，那个挨母亲骂的小男孩，心里岂不是更加难受千万？

感悟点滴

> 孩子小，看到好吃的东西想要，这是孩子的正常需求，父母可以根据自己的经济状况来决定是否给孩子购买。
>
> 如果有这个经济能力，父母应尽量满足孩子。若是没有，也应该跟孩子好好说，哪怕孩子耍赖，父母也不能出语伤人，说一些侮辱性的语言，更不能打骂，尤其是当着外人。否则，孩子会受到很大的伤害。

父母不尊重孩子，使孩子受到的伤害有多大，从下面这封信中可见一斑。信我是上个月收到的，是一名初二男生所写，看后我的心情久久不能平静。

尊敬的老师，您好！

我是一名初二的男孩，由于小时候不知道用心学习，基础比较差。后来长大了些，我懂得了学习的重要性，想用功学习，但因为基础实在太差，再加上学习不得法，一时半会儿，成绩提高不上去，每次考试，在班级中都是倒数前几名。

为此，老师经常把我的父母叫到学校，向他们通报我的学习成绩。父母每次去了学校，我那天回家后准会挨骂，有时候甚至挨打。不过，因为我的成绩不好，给父母丢了人，他们打骂我，我心理上倒也能接受。

可是，他们万万不该当着老师的面打骂我！

上个星期，刚进行一次摸底考试，我的成绩依然是倒数第几名。班主任把我父亲找来的同时，也把我叫到了办公室。

我看到了父亲，心里很恐惧，站在一个角落里。当时，班主任已经给我父亲讲了考试的结果，父亲感觉自己丢了面子，因此一看到我，他怒火中烧，不由分说上前就使劲踢了我两脚，嘴里还骂骂咧咧说我是个"笨蛋"、"给他丢人"之类的话。

那一刻，我恨不得有个地缝能钻进去，真想一头碰死算了。心里对父母充满了仇恨。

不过，这只是我当时的心境。后来，我冷静了下来，想着父母可能是恨铁不成钢，才当着老师的面打骂我。但是，不管我怎么安慰自己，只要想到这件事，心就像被人使劲揪似的疼。

这件事情过去之后，只要去学校，不管在哪里见到班主任，我都觉得没有脸面抬头。只要一见到他，我就想起那天的场景，就觉得无地自容。

我不想再去学校了，但老师、父母肯定不允许。我只有盼望着时间过去得快一点，自己早点毕业，然后远远地离开父母，离开学校、家乡……

这封信没有署名，也没有地址，可能写信的学生只是想向我诉说一下心中的委屈，并没有希望我回信。但这封信我看后，心情却接连几天都很沉重。

感悟点滴

孩子不管大小，都有自尊，都不愿意在别人面前丢了面子。不管孩子犯下了什么错，父母当众说一些侮辱性的语言，或者是打骂孩子，都会给他带去很大的伤害，不仅会阻挡沟通，还不利于孩子良好心理的形成和健康成长。

因此，父母在孩子犯错的时候，要学会控制自己的情绪，任何时候都要做到尊重孩子的人格，尽量避免不去说、做有辱孩子的话和事。

其实，父母不尊重孩子，孩子长期受到熏陶、影响，可能也不会尊重父母。

有次过节，爱人带着我和两个孩子，去了他妹妹杨华家聚餐。

爱人和妹夫坐在沙发上聊天，我和杨华准备饭菜。

正忙之际，杨华的女儿小枫走进厨房问："妈妈，你看到我的芭比娃娃了吗？"

当时，杨华正切菜，没有听到小枫说什么。

"妈妈，你聋啦！没听见我说话吗？看见我的芭比娃娃没有？"小枫见没有回应，上前又走了几步说。

杨华猛然听到女儿说这话，稍愣了一下，紧接着放下手里的刀，抬手要打女儿，嘴里叨唠着："你这样和我说话，是跟谁学的？一点都不知道尊重人，看我不打你！"

小枫见妈妈真要打自己，一边往后躲一边还嘴说："我是跟你学的。"

杨华听到这话，还以为女儿有意与自己顶嘴，紧追着她到客厅说："自己犯了错，还把责任推到了我身上，你真是长出息了啊！给我站住，听见没有？"

小枫见妈妈真要打自己，跑进自己的卧室关上了门。

"杨华，你这是怎么啦？竟然追着女儿打？"小枫的爸爸问。

"你的好女儿，竟然问我是聋了吗。还说是跟我学的！"杨华气呼呼地说。

"呵呵，可不是吗？女儿讲的是实话呀。你平时喊我和孩子，要是没有答应，你不是经常这样说吗？"

妹夫的话，一下提醒了杨华。她回想自己以前与女儿说话的口气和态度，确实是如此，怒气也消了大半。

我走出厨房，笑着说："妹妹，你不尊重孩子在先，孩子又正处在爱模仿的年纪，不知不觉就学会了这样对你，她并不是有意如此。"

杨华听了，笑着回应："嫂子，我知道。今天孩子说这话，错不全在她，我也有责任。看来呀，以后我真得改变教育女儿的方式了。"

小枫在屋内听到了我们说话的内容，知道妈妈不会再打自己了，就悄悄地打开门，跑到杨华身边说："妈妈，我错了，以后不那样说了。"

杨华抚摸着女儿的头说："妈妈今后也不会那样说啦！"我们听到这话，都笑了。尤其是小枫，笑得更开心！

感悟点滴

　　父母如果留心观察孩子，就会发现，孩子的言行举止，不管是好的还是坏的，总有一些似曾相识的地方，这就是因为父母也有类似的行为。

　　孩子与父母长时期地生活在一起，各方面在不知不觉中都会受到父母的影响。父母若是发现孩子有不尊重自己或者其他不良的表现，应先反省自己是否也是如此。

　　而父母要想让孩子学会尊重人，首先就要做好这方面的表率，时刻做到尊重孩子，孩子才会受到影响，从而养成尊重他人的习惯。

三、全面包容、接纳孩子

　　我小时候，最喜欢玩泡沫了，追溯爱好的原因，最初还是缘于妈妈。记得在我三岁左右，有一次，妈妈正在洗衣服，我在旁边无趣地看着，总想拉着妈妈带我出去玩。

　　为了避免我打扰她，妈妈想起了一个好主意，她找到一个小瓶，把洗衣盆里面的水灌进去，还找来一根吸管，把其中的一头在小瓶里蘸一下，然后拿出来，轻轻从吸管这头一吹，一个泡泡就形成了。微风一吹，泡泡脱离吸管，在阳光的照射下，反射出七彩色，向高空飞去，很是好玩。

　　我看得都呆住了，妈妈示范了一下，便教我如何玩。很快我就学会了，而且特别喜欢玩，不仅那天玩了个过瘾，而且从此后，只要看到妈妈洗衣服，我就上前凑。

　　可是，并不是每次玩，妈妈都会支持，甚至有一次，我还因此挨了妈妈的斥责，至今想起来，都觉着有点伤心。

那是在我五岁的时候，一天吃过早饭，妈妈就把脏衣服都找了出来，然后沏了半盆洗衣粉水。我看到了，急忙找来一个瓶子和吸管，上前灌满后就开始玩。

后来，光那样吹着玩已经不过瘾，看着妈妈洗衣服时出现很多泡泡，我也上前去凑热闹地说："妈妈，我来帮你洗衣服。"

"上一边玩去，别耽误我做事。"妈妈知道我的小心思，所以开始没有答应，摆着手不让我靠前。

她越不同意，我越想上前，就央求妈妈说："我不捣乱，让我帮你洗吧。"

妈妈看拗不过我，只好同意，她帮我挽起两个袖口，告诉我不能把水洒在地上、溅在身上。我嘴里答应着好，可是脑袋里尽想着玩了，根本一句都没有听进去。

得到了妈妈的允许，我一门心思地玩起了泡沫，不仅两手捧着水玩，还把它朝上洒，把盆周围的地板砖上弄得都是水，而且我身上也是成大片的湿漉漉的。

妈妈见了很生气，呵斥我说："我就知道你心思在玩上，玩也就算了，还把水洒在了外面，弄湿了衣裳。你自己看看地上，怎么走路。你再看看自己的衣裳，还怎么能穿。脱下来，给我上一边去！"

挨了批评的我，刚才享受玩乐的喜悦心情一落千丈，心里委屈的同时，又不敢违抗妈妈的命令，就乖乖地脱下衣服，沮丧地回到了自己的卧室。

妈妈洗完衣服后，到卧室看到我默默地流眼泪，她觉得我不可理喻，做错了事还感觉委屈，心里有气，就没有上前安慰。

见妈妈对我这个态度，我更加伤心，那一天一直是闷闷不乐，觉得妈妈不爱我了。吃过晚饭后，妈妈送我去睡觉。我眼里噙着泪水，盯着妈妈，伤心地问："妈妈，你不爱我了吗？"说话的时候，泪水已经忍不住掉了下来。

妈妈初听时，有些摸不着头脑，后来想到洗衣服时发生的事，立即明白了怎么回事。她没有想到，就因为上午批评了我，又没有及时安慰，竟然给我心灵造成这样大的伤害。于是急忙说："爱啊，妈妈最爱女儿啦！"

说着话，妈妈帮我脱衣服，还陪伴了好大一会儿，我心情这才好了点。但是，每当回想起那天的伤心，我心里还是隐隐作痛。

感悟点滴

> 孩子都贪玩，这是正常现象。孩子因贪玩犯了一些小错误，父母批评、指责，避免孩子今后再犯这样的错误也应当，但若是因此不理孩子，就欠妥当了。
>
> 因为孩子比较敏感，父母批评后的不理会，会使孩子伤心，甚至怀疑父母不再爱自己。
>
> 事实上，不管孩子有什么样的错误，父母都不能忽略了孩子的内心感受。在批评孩子后，应该对孩子进行安慰，让他知道父母时刻接纳自己，以帮助孩子尽快从消极情绪里走出去。

一次，我到一个小学去做活动，有个五年级的小女孩，在别人都离开的时候，站在我面前，默默不语。

"孩子，你有什么事吗？"我见她不开口，主动问。

听了我的话，她眼圈立即红了起来，向我哭诉说："老师，我怀疑自己不是父母亲生的！"

女孩的话，让我大吃一惊，初听时我真的以为小女孩是收养的，于是上前一步，抚摸着她的头问："孩子，为什么这样说？"

"我的爸爸妈妈，只要看到别的孩子，就微笑着逗他们玩，一脸的慈祥。可是，他们只要一看见我，就立即收起了笑容。安排我做任何事情，无论我多么努力，好像很难使他们满意，总是数落我做得不好！"

女孩说到此处，已经泣不成声，看样子十分伤心。

听到这儿，我也明白了女孩那句"不是父母亲生"的话真正的含义。

她所讲的情况，引起了我的深思：生活中有些父母，眼睛总是盯着孩子的缺点，看到孩子不对之处，就毫无顾忌地批评、指责，总认为这样就能够使孩子变得优秀、完美。可结果往往是背道而驰，不仅会使孩子伤心，甚至孩子会认为自己不是亲生的，从而难以取得预期的教育效果。

这样的现象屡见不鲜，尤其是在孩子表现不令人满意的时候，父母的态度最为明显。

我的一位朋友王凤，也是这样一位母亲。

王凤有个儿子，正在读高二，每次孩子达到了她心目中理想的成绩，她就会做孩子爱吃的饭菜，还会带孩子到他向往的景点旅游，以此对孩子进行犒赏。

可以这样说，只要儿子达到了她所定的目标，孩子有什么要求，她都会想方设法地满足。

但是，若孩子成绩考得不理想，那就完全不一样了。

有一次期末考试，王凤的儿子因为发挥失常，退后了两个名次。

她很生气，对儿子的态度也立即大变，说一些"不争气、没出息"之类的话，打击孩子不说，还进行冷嘲热讽，甚至一连好多天，都不怎么搭理儿子。

王凤的儿子本来成绩优良，这次没考好，他心情也沮丧，又见最亲爱的人对自己这个态度，不仅伤心，自信心也因此受到了沉重打击，对学习也失去了应有的兴趣。

后来，王凤儿子的成绩，不仅没有提高，相反日渐下降，还喜欢独自窝在家里，变得沉默寡言。

本来这个孩子很优秀，但由于朋友没有做到百分之百接纳孩子，没有与儿子进行良好的沟通，致使孩子越来越糟糕，最后还有些自闭倾向，实在让人痛心。

我相信，所有的父母，都不希望看到这样的结果。

感悟点滴

父母都希望自己的孩子优秀，但很多时候，由于种种原因，孩子的表现并不如父母心意。这时候，有的父母就会生气，指责批评不说，甚至对孩子进行打骂。这样的沟通方式，结果只能会使孩子伤心，甚至对父母的行为产生误会。

因此，不管孩子犯了多大错误，身上有多少缺点，造成多大的经济损失，父母都要全面接纳孩子。只有这样，才能帮助孩子纠正缺点，使他不断地得到提高，变得完善。

其实，每个孩子，都是优缺点并存，都不可避免地会犯错。因此，当孩子成绩起伏不定，淘气、打架，甚至全身都有问题时，父母也要做到百分之百地接纳孩子。

只有用爱心去包容孩子，再进行有效的引导，孩子才会慢慢变成父母希望中的模样。

去年一个周末，一位年轻的妈妈去咨询室找我，她神情严肃、面带愁容，张嘴要说话，开口先是沉重的叹息声。

"别着急，有什么事，慢慢讲。"我还不知道情况，先安慰她说。

"唉！"一声长长的叹息过后，她向我叙述说，"我和爱人因为平时工作太忙，没时间带孩子，就在儿子三岁时，把他交给了远在外省的父母抚养。现在，孩子长到了六岁，该上小学了，我们就想着把他接到自己身边进行教育。可是，让我大为吃惊的是，儿子浑身上下，几乎没有一点优点，不仅爱骂人，还撒谎、任性等等。"

说到此处，这位年轻的妈妈苦恼地摇着头，咬着牙根恨恨地说："我一看见这个孩子就头痛，恨不得上去扇几个耳光心里才舒服些。天天批评、指责他，就是没有一点改进。"

"既然现在孩子身上已经存在许多缺点、毛病，要想改变，一朝一夕很难从根本上转变。你此时首先要做的，就是接纳孩子，一如……"

"接纳？如何接纳？具体我需要如何去做呢？"没等我说完，这位母亲迫不及待地问。

"首先，一如既往地关心、爱护孩子。其次，不管孩子犯了多大的错误，态度要温和，批评孩子只针对事件本身，不能对孩子进行人身攻击。第三，根据孩子的行为，进行有针对性的引导。这样做，你和孩子之间才比较容易沟通，孩子在你的接纳关爱与正确引导中，自然会变得越来越好。"

她听了我的建议，说回家试试。为了帮助这位年轻的妈妈更有效地教育儿子，我还特地送给她一本自己以前写的有关教育孩子的书籍，她十分感激拿着书回家了。

因为来找我指导、咨询的父母和孩子太多，我几乎忘了这位年轻的妈妈。

时间飞逝，一转眼过去了半年。一天，这位妈妈再次来找我，她不仅带着儿子，手里还提着礼物。

没走入咨询室的门就满面笑容地喊："李老师，我带着儿子来看你啦。"

"李老师好，谢谢您的帮助！"小男孩听妈妈这样说，没用她吩咐，就抬起稚嫩的脸礼貌地跟我打起了招呼，一点也看不见半年前他妈妈所说的爱骂人的踪影。

无需问，我已经从他们母子的神情、言语中，知道按照我所指导，教育起到了良好的效果。

感悟点滴

有些孩子，身上的问题可能稍多一些，这确实让父母头疼，但并不是不能改变。

父母若想有效地去除孩子身上的问题，敞开胸怀无条件地接纳他，这是首要前提。只有如此，两代人之间才会有良好的沟通，孩子才能听从你的教育，进而变得懂事、成熟。

所以，父母在接纳孩子优点的同时，也不要忘记接纳孩子的缺点。只有做到全面接纳孩子，才能促使孩子变得越来越优秀。

四、不以成人标准要求孩子

一天，好朋友张兰给我打电话，焦虑地说："启慧，我女儿小凡这段时间，好像有点厌学了。放学后，我一叫她写作业，她就烦躁不安，成绩也明显下降了。你抽空到我家来看看，她这到底是怎么了？"

"好，我下午就过去。"考虑到放学后没有要紧事，我当即答应了朋友，放学铃声一响，我就骑着自行车朝张兰家奔去。

到了她家，小凡正在看电视。张兰就朝她喊："小凡，天天就知道看电视，你的作业做完了吗？"

听到妈妈这样问自己，小凡才极不情愿地站起身，磨蹭着去拿书包，掏出书本写作业。

"你就磨蹭吧，写不够一个小时，你别打算玩。"张兰厉声对女儿说。

小凡听了妈妈的话，噘着嘴，虽没反驳，但能看得出心里不高兴。

看到这种情景，我心里已经差不多明白小凡学习兴趣减退的原因了。不过，这时候我什么话也没有说，只是坐在沙发上，一边和张兰聊天，一边注意观察着小凡。

最初，小凡还像模像样地写得十分认真，大概过了二十分钟左右，她就有些心不在焉了，不是用嘴咬着铅笔玩，就是在纸上乱画，还不时地朝我们这边看。

"看什么，再不用心写作业，我给你增加到一个半小时。"张兰见女儿不专心，走到她身边说。

"妈妈，我是一个小孩子，非要逼着我写这么长时间的作业，哪受得了啊。"小凡见妈妈又延长了时间，索性把铅笔一放，站起身说。

张兰见女儿这样，生气了，上前就要揍女儿。我急忙站起身，把她拉到一边小声说："依我看呀，孩子学习的兴趣减退，原因大部分出在你的身上。"

"你说的是真的？"张兰不相信地问。

我点头解释说："小凡刚十来岁，生理方面决定她的注意力根本达不到那么长的时间，你却偏偏要求她写那么长时间的作业，你说孩子能不受煎熬吗？试想，你在这样的境况下，还会喜欢学习吗？"

张兰听后，思考了一下问："你是说我让孩子学习的时间长了？那一次该给她规定多长的学习时间？"

"小凡今年十来岁，注意力大概只能维持在二十五至三十五分钟之内。你刚才让孩子做一个小时的作业，后来又加到一个半小时，要求得太多了。就是成人一下子工作这么长时间不休息，也会厌烦，更不要说是孩子。"

"你这样一说，我明白了。那以后，女儿写作业，我都规定三十分钟以内。"

我点头，希望张兰这样做后，小凡厌恶学习的情绪能够得到缓和。

感悟点滴

孩子从出生开始，一直到十八岁，身心都处于成长发展时期。父母应该了解孩子不同成长阶段的生理特点，向孩子提出适度的要求。不能处处以自己的标准去要求孩子，这样做对孩子无益反而有害，不利于孩子身心健康地成长。

父母不仅要避免以成人的标准要求孩子，同时还要尽量设身处地从孩子的角度去考虑，这样才能理解孩子不良行为背后的正常表现，从而自己减少不必要的生气，同时也会减少对孩子不应有的责备。

我身为两个孩子的母亲，不可避免地偶尔也会拿自己的标准要求孩子。但儿子小宇的一句话，却经常在提醒、警惕着我。

那是儿子小宇五岁左右时发生的一件事。

一天，吃过晚饭，小宇说要到小区广场玩，我收拾完毕，就带着儿子出了家门。

开始时，我拉着儿子的手慢慢走着。小宇一时心血来潮，靠近我说："妈妈，咱俩比赛跑步吧？"

"好，来，咱们站在一条线上。"我支持的同时，迅速调整懒散的身姿，进入预备的状态，同时用手做了一个打枪的动作。

刚要喊"开始"，小宇突然出列站在我面前，同时伸出小手说："妈妈，不能这样开始，这不公平。"

"呵呵，哪里不公平了？说出来妈妈听听。"我笑呵呵地问儿子。

"你想啊，你是大人，我是孩子，咱俩站在同一个起跑线上，而且同时开始跑，就是你跑在我前面了，赢了，你也不能算赢啊！"小宇认真地说。

我听这话，觉得儿子讲得还挺有道理，就在他的小脸蛋上亲了一下说："儿子说得对！这样吧，为了公平起见，你跑，妈妈走，约定个地点，谁先到那个地方就算谁赢，行不行？"

小宇听了，歪着头认真思考了一会儿，点头说："好吧，这样还算公平。"

接着，两人站在一起。我用手比划成枪的模样，嘴里发出"砰"的一声，宣布比赛开始。

小宇听到了，撒腿就往前跑。我有意紧走几步，紧跟在儿子的身后，促使他加快速度。儿子回头看我马上要赶上他，使出全身的力气往前跑。可是，不大一会儿，他就累得气喘吁吁。见此情景，我放慢了脚步，有意和儿子拉开一段距离。过了一会儿，眼看就要到终点了，为了让小宇学着冲刺，我又快走几步，追上儿子。小宇急了，再次加紧脚步前进，最终先我一步到达了目的地。

"妈妈，我赢啦，你输了。"小宇很高兴，没顾得休息，转身喘着粗气对我说。

我朝儿子伸出大拇指说："恭喜小宇，获得了冠军。"儿子听了，更加开心，放开声音哈哈大笑，看着儿子因为高兴而发红的小脸，我心里有说不出的喜悦。

这次陪儿子一起出来玩，我认为自己收获很大。儿子那句"我是个孩子"的话，对我帮助很大。它时时提醒着我，不能用成人的标准去要求孩子。

此事过去不久，儿子小宇就做了一件当时我认为不可理喻的事情。

记得那一天，我一边择菜，一边打开手机，播放从网上下载的戏曲。一边听着，还一边跟着小声学着唱戏。

这时候，小宇跑到手机前，左右前后转着圈地看手机，瞪着眼睛使劲往手机里面瞅。

我看儿子这样做好玩，笑着说："小宇，你看什么呢？"

"看小人。"小宇稚气地回答。

听到儿子这样回答，我也没有往下深想，依然沉醉地听着戏曲。

突然，我听到手机里面传出的声音变了味儿，急忙转头去看，发现小宇正拿着它左右、上下地使劲摇晃，还把它往桌子上磕。

"小宇，你要干什么？"我看儿子这发疯似的举止，快步走上前，一把夺过手机，阻止住儿子的破坏行为，同时生气地喝问。

小宇没答反问："妈妈，手机里有小人吗？"小宇的话，让我想起自己小时候类似的行为。

记得大概是我五六岁的时候，父亲爱听评书，到了时间就会打开收音机听。

有一次，正当他津津有味地眯着眼听时，我因为好奇，拿着收音机用手使劲掰，结果挨了爸爸一顿揍。这件事情，我现在想来还记忆犹新，甚至父亲那因生气睁大的双眼还历历在目。

从我自身以往的经历中，再加上儿子那句"我是孩子"的话的提醒，我站在他的角度上去考虑，完全理解儿子刚才看似破坏的行为，因此怒气很快得到了平息。

我上前拉着小宇的手，温和地给儿子讲录音、播放的原理。虽然，那时候小宇听得似懂非懂，但他知道了，手机里没有小人。从此后，小宇再没有过类似的破坏行为。

感悟点滴

孩子所做的很多事情，父母若是以成人的眼光去看，就会觉得孩子不可理喻，认为他是有意搞破坏，毁物品，因而去粗暴地纠正甚至责罚孩子。这样做不但剥夺了孩子的快乐，打击了孩子探索的欲望，而且会阻碍孩子健康地成长。

因此，父母遇到这种情况，应该多站在孩子的角度去思考，想想自己小时候，是否也有类似的行为举止，就能理解孩子这样做的原因，进而接纳并正确引导孩子。

五、给孩子适当的自由

女儿小雪五岁时，有次吃过早饭，爱人收拾餐具，儿子小宇正在睡觉，我便和小雪坐在沙发上聊天。

"小雪，你最不喜欢什么呀？"我问她。

小雪想了想，突然看到了还没有收走的牛奶杯，指着它说："我最不喜欢喝牛奶了，超级讨厌。"

听女儿这样说，我大为吃惊，因为她刚刚还喝了一杯呢，而且从三岁以后，几乎每天都喝。因此，我不相信地问："都喝了那么长时间啦，你还说自己讨厌牛奶呀？"

"我喝牛奶，是因为爸爸强迫的。他说喝牛奶能增加营养，能长高个，一个劲地哄着让我喝。其实，我一点都不愿喝，想起那个牛奶味我就反胃。"小雪说着，做出呕吐状。

她的话，一下子提醒了我。

我说为什么女儿在喝牛奶的时候，总是皱着眉头，好几次还会找借口端出去喝。想到此，我问小雪："你有时候，是不是把牛奶倒掉了？"

小雪听我这样问，急忙摆手说："妈妈，没有！"

"跟妈妈说实话，我不会责怪你。"我打消了女儿的顾虑。

她这才吞吞吐吐地说："妈妈，我是真不爱喝那个味。有时候，我趁您和爸爸不注意，就去厨房或者卫生间把牛奶倒掉了，怕你们发现，还故意在嘴上抹上一点牛奶。妈妈，我以后能不喝牛奶吗？像吃药一样！"

这时候，我才知道女儿抵触牛奶到了何种程度，甚至能想象出她在我们看着时不得已把牛奶喝下去的痛苦表情。

"好，妈妈答应你，以后不用再喝牛奶了！但是有一点，再有这样类似的事，一定要早说。"我答应了女儿，想到她倒掉牛奶的事，还附带提醒了小雪一下。

她听我这样说，高兴地一下子从沙发上跳了起来，挥舞着双手喊："太好了，太好了，我以后再也不用喝牛奶啦，我自由啦。"

听着小雪喊出的"自由"两个字，我陷入了沉思。

小雪从小长到现在，我和爱人曾给过她多少自由？

多少次，女儿说热，我们因为觉得冷，硬让孩子加上衣服；多少回，小雪想出去玩，我们不让她去；多少事，小雪想参与，我和爱人一点都没理会……

孩子因为小，很多事情不知道应该如何正确去做，需要父母去引导，但这并不意味着父母就一定要剥夺孩子的自由。

自从经历了这件事，我在心里暗自发誓，以后不管小雪要做什么，我都会认真考虑，即便觉得不妥，也会给孩子讲明白理由，并且尽量满足孩子的要求，给她更多的自由。

我不仅想着这样教育自己的孩子，而且还有意识地去引导亲戚、朋友以及来咨询的父母这样去做。

我的同事刘老师，前段时间经常向我抱怨说："我儿子小奎，现在读五年级。我下班后回去就看着儿子学习，甚至一点不给他玩的时间，可是儿子的成绩却一直不见提高，有时候甚至还会下降，真让人头疼。"

"有可能，孩子看似在学习，心思却不在那上面。"我说。

"启慧，你讲得太对了。我儿子就是太贪玩了，学习的时候，可能也是想着玩，才没能提高成绩。回去之后，我要好好审问他，以后再这样，更不能给他留出玩的时间了。"刘老师赞同我的说法，但做法我却不赞同。

"你要真如此做，孩子的成绩有可能会更加糟糕。"我笑着说。

"为什么这样说？"刘老师困惑地问。

"你想呀，孩子本身想玩，因为你限制他玩，孩子才没能学习下去，成绩才不好。而你要变本加厉地这样做，孩子的成绩岂不是会更加糟糕吗？"我解释说。

刘老师听了，沉默了一会儿问："启慧，那你说，我该怎么办？"

"让孩子来管理自己的时间。你告诉儿子，放学后的时间可以由他自己支配，前提是先保质保量完成作业，真正把知识点弄懂、吃透，剩下的时间多少，不再安排他任何事。"

刘老师有些不大相信地问："这样的话，我担心孩子就会玩疯了，成绩会更不好。"

"你试验一段时间，看效果如何再说吧。"我知道多说无用，抬头看办公室上面的钟表，快到上课的时间了，就收拾教具，准备给学生上课。

刘老师带着半信半疑的神情，看了我一会儿，最后还是下决心试一试。

两个月之后，刘老师兴冲冲地告诉我："启慧，你的办法太好了，我儿子的成绩现在明显有了提高，而且比以前显得更加活泼、精神。"

"那真是太好了！"我笑着回应。

"你可不知道，当时我说让儿子自己管理时间时，他兴奋得一下子跳起了老高，还说'妈妈，你怎么不早说呢'。以后，我就不再管儿子了，只是在他写完作业后，我检查一下，偶尔，我也会对儿子进行抽题测试。结果发现，儿子作业写得认真了，而且错误也少了，所有的迹象都表明，儿子的学习是越来越好。果不其然，这次摸底考试，儿子每科的成绩都有所提高。"

"恭喜你啦！"见刘老师兴奋之情溢于言表，我抱起双手说。

"这都是你的功劳。今天下午，放学后我请你去饭店，咱们撮一顿去，你可千万不能拒绝，这是我的心意。"刘老师诚挚地说。

盛情难却，我不好推辞，就答应了下来。那天的饭，我和刘老师吃得十分开心！

感悟点滴

孩子虽然小，也需要一定的自由，父母应该给予满足，尽量做到：孩子小时候吃穿，父母可以提供，但不能强迫；给孩子独立的空间与时间，父母可以占用，但需要经过孩子的允许；对于孩子的未来，父母尊重孩子的选择，不去做太多的干涉。

或许，由于孩子自己安排玩与学的时间，因为是自己的选择，会因此做得更好。

我教学生，为了提高他们的写作水平和了解他们的心理动态，经常会要求学生写日记，并定期收上来查看。

有一次，我在看学生的日记时，其中有篇《活着真没有意思》。当时一看到这个题目，我就吓了一跳，赶快往回翻，看是谁的日记本，封皮上写着"小真"。

小真，是我所带班级中成绩良好，而且多才多艺的学生，经常被老师夸奖。为什么这样一个优秀的孩子，会感觉到活着没有意思呢？

带着这样的疑问，我急忙看这篇日记的正文：

我不想在父母安排下生活下去了，我希望自己快点长大，能自己决定每天怎么过。

每天，父母都把我的时间安排得满满的，用多长时间做课外题，什么时间练习钢琴……除了在学校我还有点自由支配时间的权利，回到家之后，一切都得听从父母的安排，他们除了让我学习，就是练琴、学舞蹈……不给我留一点玩的时间。

我知道父母这样做的良苦用心，希望我将来有出息。我理解他们的心理，尽力按照父母所说去做，当然也收到一定的效果。我不但学习好，而且在艺术方面也是出类拔萃的，我成了老师、家长眼中的好孩子。

但是，这些对于我来说如同浮云，一点都让我感觉不到快乐。我的生活中，除了学习就是练习才艺，干什么都好像为父母所做。这样一直生活下去，真是太没有意思了。

每当看到同龄孩子在一起玩耍、嬉戏，我羡慕得要死。我真想像他们一样，想玩就玩，玩得尽情、快乐。但是，我知道父母不允许。

现在，我渴望自己快点长大，由自己来决定自己的事情。那样，我就好好放松一下，使劲地玩，把以前失去的快乐重新找回来。我现在的生活太没有意思了，多么渴望那样的生活能早一天到来呀。

看到这篇日记，我心里久久不能平静。

一方面，我理解父母望子成龙望女成凤的心理，把孩子的时间安排得满满的，不惜花费大量时间、精力来培养，孩子看似比较优秀，却失去了童年的快乐。

这两者相比，取得的成绩就有些不值得一提。并且，若是像小真日记上所说，以后自己能有自主权时，尽情地去玩，那么，孩子即便考上好大学，也容易荒废学业。即便有了好工作，由于不能专心地去做，有可能也会因此失业。

想到这里，我把小真的家长叫到了学校，给他们看了孩子写的日记，并把自己所想解释给两人听。

　　小真的父母意识到事态的严重性，说回去之后，会放松对孩子的管制，给女儿留出一部分时间由她自己安排。

　　我希望，小真的父母对孩子放松时间的限制，能使她尽早体验到快乐。

感悟点滴

　　孩子随着年龄的增长，逐渐有了独立的意识，有了自己的想法，不愿事事受父母束缚。如果父母执意不给孩子一点自由，全面安排孩子的学习、生活，那么，即便孩子因此很优秀，但却与父母产生隔阂，不会快乐，结果往往是得不偿失！

　　父母不妨给孩子一定的自由，满足孩子的需求，让他自己来支配一定的时间，享受独立的空间。这样，孩子开心了，亲子之间的沟通自然也会变得顺畅。

第二章
学习沟通的妙方

一、抽时间多陪伴孩子

几年前，我在翻看一本有关教育方面的杂志时，看到一个故事，给我的启发很大，故事内容大概是这样的：

有一位年轻的父亲，想着给妻子、孩子一个更充裕的物质生活，拼命工作。每天早上很早就出去，到了很晚才回家，甚至周六、周日都难得休息。

这一天，他像往常一样，又加班工作，一直到了晚上九点左右才回家。一天不停地忙碌，他感觉很累，想早点洗漱好休息。因此进家后，到卧室放下包，就去卫生间刷牙、洗脸。

这时候，他五岁的儿子悄悄地走到卫生间，站在他身边问："爸爸，我一直等着你回来呢。告诉我，你一小时能挣多少钱？"

这位父亲，因为每天晚上基本上都是九点左右才到家，儿子差不多这时候都睡着了，他难得和儿子说上话。本来，见儿子没睡觉等着自己，应该高兴才对，但他因为工作比较累，见儿子莫名其妙地问自己这个问题，有些心烦，朝他摆了一下手说："我一小时挣多少钱与你有什么关系吗？你问这个做什么？去，该睡觉了，快睡觉去。"

"我不困，爸爸，告诉我。"男孩有些固执地说。

"一小时三十元钱。"父亲想早点打发走孩子，随便对他说。

"三十元钱。"小男孩重复着，接着问，"爸爸，我知道了，那你能借给我二十元钱吗？"

"你这孩子，要钱就直接要，还绕着这么大的一个弯。合着刚才问我挣多少钱就是为了借钱啊？别在这里捣乱了，快回屋睡觉去。"父亲有些生气了，朝孩子嚷。

男孩听了，有些委屈，嘴张了张，想解释，但看着父亲发怒了，默默地转身回到自己的卧室。

父亲洗漱好，想到刚才儿子要借钱的事，觉得对孩子的态度有些过分，想前去安慰一下，就信步走进儿子的房间。

见孩子还没有睡着，他从兜子里掏出二十元钱，递给儿子说："这是你要借的二十元钱，爸爸给你，但不能自己出去胡乱买东西。要什么跟妈妈说，让她带着你一起去。"

男孩看到钱，立即来了精神，一骨碌从床上坐起身，掀起枕头，拿出折叠得整整齐齐的零票子。

他没接爸爸的钱，反而把自己的钱递了过去。

父亲看到钱生气了，大声地训儿子："你这孩子，有钱为什么还要跟我借钱？你到底想干什么呀？"

男孩平静地把手中的钱递到父亲手里说："爸爸，这是我平时节省下来的零花钱，刚好有十元，再加上借你的那二十元钱，正好够你工作一个小时的钱了。明天晚上，你提前一个小时回家，陪我和妈妈在家里吃顿饭好吗？"

父亲听到这话，一下子愣住了，他这时才意识到，已经很久没有在家里吃饭了。他一把把孩子搂在怀里说："儿子，爸爸答应你，明晚一定会早回来和你一起在家吃饭。"

男孩听了，开心地手舞足蹈，上前一把搂住爸爸的脖子，在他脸上亲了又亲，兴奋的心情难以言表。

见儿子听说自己陪他吃饭就高兴成这个样子，父亲愧疚的同时，又暗自发誓，以后不管有多忙，就是少挣很多钱，也要抽时间多陪伴孩子。

我读完这个故事，心情久久不能平静。我能理解故事中的这位父亲，他为了妻子、儿子生活得更宽裕一些，一天到晚地忙着挣钱，希望给妻小更好的物质生活条件。

这个想法可以理解，但也不能光为挣钱，就忽略了陪孩子。

感悟点滴

> 　　孩子需要的，不仅是物质方面的满足，更需要父母的陪伴。如果父母不在孩子身边，他会觉得孤单，缺乏安全感，严重者还会出现一些心理方面的疾患。
>
> 　　而孩子，尤其是婴幼儿时期，若是与父母在一起，会无忧无虑，有父母的陪伴，心里会倍感温暖。这对孩子的心理、性格等方面的完善起着重要的作用。父母一定要足够重视，尽量抽时间陪伴孩子，与孩子时刻进行着沟通、互动。

　　一个星期六晚上，我本来想着第二天去咨询室，如果人少的话，可以写写稿子，或者是看看书。

　　吃过晚饭后，小雪走到我面前说："妈妈，明天咱们去香山吧，看看红叶。"

　　"我也要去。"小宇也凑上前说。

　　"好吧，妈妈明天带着你们俩去爬香山。"我见两个孩子都想出去玩，虽然没有迟疑就答应了，但想到要耽误一天时间，心里莫名地感觉有些失落。

　　第二天是周日，那天晴空万里，蓝天白云，衬托着山中的红叶，再加上微风的轻拂，让人心旷神怡。

　　我和两个孩子一边爬山，一边欣赏着景色，一边聊天。

　　"小雪、小宇，你们看这香山的红叶漂亮吗？"

　　"太漂亮了。妈妈，你看那边，颜色最红，我把它拍下来。"小雪说着，站起身子，拿出手机对准那片红叶拍了起来。

　　"姐姐，把这片红叶当背景，你给我和妈妈照张合影。"小宇说着话，靠近我让姐姐拍照。

　　就这样，我们三个人一边往上走，一边拍着照片。旁边游玩的人看到我们，投来羡慕的眼神。

　　大概上到了半山腰，小宇拉着我的手说："妈妈，我的腿有些酸了，咱们歇一会儿吧。"

"好！"我答应着，从包里掏出事先准备好的报纸，铺到一个不碍事又比较平整的地方。小宇确实累了，我刚铺好，他一屁股就坐了下去。

"妈妈，你坐中间。"小雪拉着我说。怕因为铺的空间小，我当时坐在了地上。

"真是个孝顺的孩子。"我一边夸着女儿，一边坐了下来，小雪这才紧挨着我坐下。

然后，我递给两个孩子一人一瓶绿茶，自己也拿出一瓶喝着，边休息边问他们："爬山累吗？"

"累。"两个孩子不约而同地回答。

我正要说累了下次就不要来啦的话，小雪已抢行开了口："累，但很快乐。"

"对，累并快乐着。"小宇像个跟屁虫，学着姐姐说。

"呵呵，那妈妈就不懂啦，累怎么还那么快乐呀？"

"因为有妈妈的陪伴呀！"小雪凑近我说。

"我也是这样想的，妈妈，以后你多抽时间陪我们吧，那样我和姐姐会更加快乐。"小宇靠在我的腿上，眼睛盯着我说。

"好，妈妈答应了，以后一定会抽时间多陪你们，好不好？"

"好，拉钩、拉钩。"小雪和小宇都伸出小手指，我左右两手各拉一个，三个人拉着手指，笑作一团。

又休息了一会儿，小雪和小宇站起身说："妈妈，咱们继续征服香山吧。"

"好！"两个孩子先起身，各伸出一条胳膊拉起我。

"走，开始比赛上山了。"小雪说着，笑着率先往上跑去，小宇紧随其后，我也不甘示弱，抬腿紧紧跟随。

见两个孩子如此开心，我心里比吃了蜜还甜，昨晚上认为要浪费一天时间的想法瞬间消失，此时觉得两个孩子的快乐，比我做什么事情都更加有价值。

感悟点滴

工作任务没有完成，大不了少拿点工资，哪怕是工作丢了，也可以重新再找；社交的时间耽误了，日后可以再进行联系、巩固友谊……但是陪伴孩子的成长，却永远回不到从前，无法去弥补。

　　父母应该抓住当下一切可以利用的时间，抽空甚至是挤出时间多陪伴孩子，使他每一步的成长都充满着快乐，这对父母与孩子来说，都至关重要。

　　不过，陪伴孩子，一定不能把它演变成监督。我见过一些父母，好不容易抽出时间陪孩子，却看着孩子不让玩，见孩子做别的与学习无关的事情就训斥。结果，本来是想抽时间和孩子好好地相处，结果却因方式欠妥当，使亲子关系变得糟糕。这样的事情，我亲眼见过，发生在爱人的堂弟和儿子小翔的身上。

　　爱人的堂弟，因为工作性质的原因，经常在外出差，很少有时间陪着儿子小翔。当然，与我们见面的机会更少。

　　一个周末的下午，堂弟给我爱人打电话，说自己刚从外地到家，好久没见面了，叫我们到他家里聚一聚。

　　爱人欣然同意，带着我和两个孩子去了堂弟家。

　　到那里，堂弟媳给开的门，我们却看见不和谐的一幕。堂弟正在客厅里来往踱着步子，见到我们也只是简单地说了句"来了"，看样子情绪不高。

　　再看他的儿子小翔，手拿着游戏机，站在沙发旁边，正在抹眼泪。

　　爱人拉着堂弟坐下，我则走到孩子身边问："小翔，别哭了，跟大妈说说，你这是怎么了？"

　　"爸爸刚回来，就盯着我非让学习，我想打会儿游戏都不让。"小翔说着，眼泪又流了下来，看得出他很伤心。

　　"呵呵，就为这点小事伤心呀，别哭了！你爸爸让你学习，是为了你好呀，不过，应该劳逸结合才行。你先去学习一会儿，我劝劝你爸爸，一会儿叫他陪着你尽情地玩会儿游戏，好不好？"

　　小翔听了，抬头响亮地回答了声"好"，学习去了。

　　我回头看堂弟，他正在气呼呼地对我爱人说："孩子一点都不知道学习，看着他学都三心二意，就想着打游戏，真不让人省心。这样下去，将来能有什么出息！"

"堂弟，别生气了！孩子爱玩是天性，再说了，学习也需要劳逸结合。你刚回来，眼睛就盯着孩子，只知道督促他学习，这样一来，不但孩子不开心，你和孩子的关系也受到影响。很长时间没见孩子了，陪他玩玩又何妨？关系融洽了，孩子才更容易听从你的教导。这样孩子不会耽误学习，你和孩子的亲子关系也变得和谐了，为什么不这么去做呢？"

堂弟听我说得在理，点头表示赞成。

其实，我能理解堂弟对孩子的良苦用心，他希望孩子能够抓紧时间学习知识，将来走向社会，才更具有竞争力。

但是，孩子的生活不能只剩下学习，还需要留出一些时间娱乐。父母与孩子在一起，不是为了监督孩子，而是为了更好地陪伴孩子，使他身心快乐，这时再进行引导，孩子才愿意听从，进而做得更好。

感悟点滴

父母把陪伴孩子的时间当成了监督，孩子没有了自由，再加上被压抑、管制，失去了快乐不说，还会缺乏做事的积极性，反而会阻碍孩子前进的脚步，不利于孩子将来的成功。

父母无论多忙，每天都应当抽出一些时间陪伴孩子，和孩子一起聊会儿天、做做游戏等等。在这个过程中，孩子感觉到温暖、快乐，父母也可趁机多了解孩子，沟通时就会有的放矢，进而对孩子有针对性地教育，往往会取得较为理想的教育效果。

二、善于投其所好

前段时间，我去朋友杨强家，两人聊了会儿天，他的儿子小洋大汗淋漓地走进了门，叫了一声"阿姨"，便向卧室走去。

"小洋，去哪儿了？"杨强叫住儿子问。

"和同学打了一会儿球，真爽快。"小洋停下了脚步，抬着头兴奋地回答。

"又考试了没有，成绩怎么样？"杨强立即转变了话题。

"没有，还是老样子？"小洋明显情绪低落下去，低着头转身，说完抬起脚步便朝卧室走去。

"这孩子，好像不太喜欢与我交流。"杨强说。

他哪里知道，是因为和孩子聊的不是孩子关心的话题才导致沟通受阻。

类似我同学这样的父母有很多，因为只谈自己感兴趣的话题导致与孩子的沟通受到阻碍。前几天就有一位父亲来找我咨询这方面的问题。

那是上个周六的下午，我记得特别清楚。眼看天要黑下来了，我简单收拾了一下，准备离开咨询室。

正在此时，一位穿着西装、三十来岁的年轻男子匆匆地走了进来，急切地说："李老师，等一下，我有事想咨询。"

"好的，请坐吧。"我停止收拾物品，让他坐下说话。

"唉！"男子没开口，先沉重地叹了一口气。

"有什么为难事？"看到他这个状态，我问。

"我和儿子的关系有些疏远，但却找不到原因，特来向你请教。"他神情沮丧地说。

"是不是平时你工作忙，不怎么关心孩子啊？"我见男子干练的外形，想着他事业方面应该做得不错，相应地，关心儿子的时间就少了，这才有此问。

男子摇了摇头说："不是，相反，我十分关心儿子。每天下班后尽量抽空和儿子在一起不说，即使是到外地出差去，我也是每天必须给儿子打个电话。身为一个父亲，如果能做到这个程度，应该谈不上不关心孩子了吧？"

我点头，表示对他话的认可，并从中知道了问题不是出在这里。想了一下，我问他："你平时和儿子都说些什么呀？"

"我呀，什么都说吧。比如问儿子：在学校专心听老师讲课没有？回到家听没听妈妈的话？乖不乖？……每次，儿子说了两句，就有意躲开，给他打电话时也是这样，我这边刚开始给他说，儿子就把电话递给了妈妈接，好像不怎么愿意和我说话似的。"

"呵呵，我大概知道了原因。"听到这儿，我笑着说。

男子瞪大眼睛，困惑地看着我。

"你平时和孩子说的话，基本上都是你所关心和感兴趣的，但却没有考虑到孩子的感受，他当然不愿意和你多说啦！"我说。

他听后，考虑了一下，皱着眉头说："孩子感兴趣和关心的事，我还真是不太清楚呢。"

"这个你可以通过多观察孩子的言行了解，也可以通过询问孩子最喜欢什么，都有哪些爱好，学校里发生了什么有趣的事，这一天过得是不是开心等等来打开话题，进而更加了解孩子，才能投其所好，使沟通顺畅。"我告诉他。

"好，你说的我都记在心里了，回家后就这样去做。"男子听了开心地说，笑着离开了咨询室。

我相信，他如果能投其所好，改变与儿子沟通的内容，一定会获得良好的效果。

感悟点滴

> 相对来说，父母都比较关心孩子的表现、成绩，这些内容，往往会成为父母与孩子沟通的主题。
>
> 而孩子，关注的却是自己感兴趣的事情，希望父母全面关心自己。
>
> 这样，父母和孩子的愿望背道而驰，沟通没有共同的内容，当然不可避免地会受到阻碍。
>
> 因此，父母要想与孩子顺畅沟通，必须先了解孩子对哪些事情比较感兴趣，对什么比较看重、关心，就这些孩子有兴趣的内容进行沟通，孩子才愿意与父母多交流。

一天下午，我从学校出来，在路上遇到了朋友杨君芳和她的女儿小美。我和朋友聊了会儿天，转头见一旁的小美一直塞着耳机，专注地听着，还不时晃动着头跟着哼上几句。

"小美，听歌呢?"我问。

她笑着冲我点了点头，摘下耳机，兴致勃勃地对我说："阿姨，我最喜欢周杰伦的歌了，他每首歌我都爱听，像《菊花台》《青花瓷》《烟花易冷》等等，我不但喜欢听，还喜欢唱，并且唱得不错呢!"小美滔滔不绝地说。

"真的啊，唱给阿姨听听。"我笑着回答。

"好，我给阿姨就唱一首《菊花台》吧。"说完话，小美哼了两声，调整了一下嗓音，接着便唱:

"你的泪光，柔弱中带伤，惨白的月弯弯，勾住过往。夜，太漫长，凝结成了霜。是谁在阁楼上，冰冷的绝望。雨，轻轻弹，朱红色的窗。我一生在纸上，被风吹乱。梦，在远方，化成一缕香……"

小美专注地唱着，还别说，真有那个韵味。一首歌曲下来，我情不自禁地拍手鼓掌说:"呵呵，小美唱得真好!"

"谢谢阿姨! 您要是想听，我再唱一首。"小美听了我的夸奖，高兴得脸通红，还想进一步表现。

"小美，你给阿姨唱歌，我怎么没有听你主动给妈妈唱过呢? "杨君芳看着女儿和我沟通得那么好，酸溜溜地说。

"妈妈，你平时只知道问我的成绩，其他你问过吗? 不仅没问，看到我听歌，还阻止，叫我去学习，你说，我怎么有心情给你唱呀。"小美反驳妈妈。

杨君芳听了很生气，指着女儿说："你，你这孩子，真是……"而小美则瞪着眼，准备随时反驳。

为了打断这个尴尬的场面，我急忙拉了拉杨君芳的胳膊，指着我的裤子说："君芳，这是我新买的裤子，你看看怎么样? 我穿着很舒服，你看看是否相中，若是喜欢，有时间的话，也去买一条吧。"

她听我这样讲，只好低头看我的裤子，但看得出，她心里依然别扭。我转头看小美，发现她重新戴上耳机，又开始专心地听歌。

于是，我又轻轻地拉了杨君芳一下，轻声说："以前你曾向我抱怨过和孩子沟通不畅。原因就是因为你总是说学习、成绩方面的内容。而要想和孩子有一个好的交流，应该抓着她的爱好入手，挑孩子感兴趣的话题。刚才你也看到了，我看到小美听音乐，知道她肯定爱好这个，就说这方面的话题，孩子很高兴，还主动要求给我唱歌。你以后这样做，也会有这样的效果。"

杨君芳听了这番话，因为是亲眼所见，所以十分服气，不断地点头，说会向我学习。

感悟点滴

父母与孩子交流，只有投其所好，才比较容易打开孩子的心扉，使沟通顺畅无阻。在这种良好沟通的情况下，父母进而能够更好地了解孩子，才能获得更有效的教育。

当然，父母找到孩子关注的话题，投其所好，能获得良好的沟通，也就能用此方式，缓和与孩子之间糟糕的关系。

曾经有一位十岁男孩的母亲，来找我咨询，她说："前几天，因为儿子打游戏，我批评了他几句，可能是说得严重了一些，儿子竟然一连几天都对我爱答不理的。每天侍候着儿子，却还要看着他的脸色，身为母亲，我心里实在是难受啊！"说到这儿，她难过地流下了眼泪，抽噎着说不出话来。

"别难过啦，我教你一个好办法，准保能缓和你与儿子的关系。"我轻拍着她肩膀安慰。

"真的啊，那您快点告诉我！"这位母亲听到我说这话，立即止住眼泪，迫切地说。

"你知道孩子有哪些爱好，或者平时最关心什么吗？"我问她。

"他的爱好？我知道的就是儿子比较喜欢踢足球，一到周末，就会约几个同学一起，至少得踢上一回。"这位母亲皱着眉头想了一会儿说。

"好，就从足球入手吧！"我高兴地说。

"怎么入手啊？我又不会踢足球，不能和儿子一起玩这个！"她困惑地说。

"不用你和儿子一起踢足球，以后再到了周末，你可以提醒儿子去踢球，儿子踢球回来后，问问他玩得是否开心，谁球踢得最好，哪个踢得最差等有关足球的话题。"

这位母亲听后，有些诧异地问："就这些啊，能行吗？"

"当然行啦，你和儿子谈论他喜欢的事情，这个话题孩子感兴趣，自然乐意与你交流，一直坚持下去，你和儿子的关系自然就会逐渐缓和了。"

"噢，是这样啊！我明白了。"听我解释后，这位母亲才如梦初醒，连连点头接着说，"李老师，这个办法不错，谢谢你啊！"说完话，满面笑容地告辞。

目送着她远去的身影，我希望这位母亲能按照我所说去做，并且一直坚持下去，与此同时，盼望着他们母子间的隔阂早日消除，和好如初。

转眼之间，过去了两个星期。这位母亲打来电话，兴奋地说："你教的办法太好了，我这两个星期按照你所说去做，现在儿子已经主动和我说话啦！以后啊，我还真得要坚持下去。并且，我要多掌握儿子感兴趣的东西，平常把这些作为话题，和儿子进行沟通。我相信，今后，我们母子俩之间再也不会出现上次那样大的裂痕。"

我听了，完全赞同这个母亲的说法，并为她主动寻求孩子多方面的爱好而欣喜。

感悟点滴

父母在日常生活中，要多留心观察，看孩子喜欢玩什么，有什么爱好，最关心什么事情……

只有了解了这些，父母在和孩子沟通时才能投其所好，交流才会比较顺畅，孩子不自觉地就会与父母亲近。哪怕是父母与孩子有了矛盾、隔阂的情况下，如果父母能投其所好，也能有效地拉近与孩子之间的距离，进而取得良好的教育。

三、学会自我袒露

父母与孩子沟通，许多时候，过于直接不大好，父母此时不妨用自我袒露的方式与孩子进行沟通，这样比较委婉，当然效果也不一般。我有这样的亲身经历。

记得我小时候，家里还喂养着一头牛，用来春播秋种时耕地用。爸爸妈妈因为要忙别的农活，就把喂牛的事情交给了我。

初开始，我感觉新鲜，立即答应了这个差事。那时，每天放学后，我把书包一放，就拉着牛去荒地里，让它吃草，喂得饱饱再与牛一起回家。

这样没过几天，我见其他小朋友放学后都在一起高兴地玩乐，心里开始不平衡，不太情愿喂牛了。

一天吃过晚饭，我走到妈妈面前小声说："妈妈，以后喂牛的事情，你交给姐姐吧，我想和小伙伴玩。"

妈妈没有批评我，解释说："你姐姐放学后要做饭，她要是负责喂牛的话，我和你爸爸天黑时才回家，谁给咱们做晚饭吃呢？"

我听后不为所动，噘着嘴说："我不管，我要和小伙伴玩。"

妈妈说："咱家忙，不像别人家，没有那么多的事。现在我让你喂牛，可你知道我像你这么大的时候，都做什么吗？"

"都做什么啊？"我好奇地问。

"我啊，放学后要上地帮着你姥姥、姥爷干活，而且回家吃过饭之后，我还与你姥姥争着刷洗碗筷。"

"是姥姥、姥爷让你干的？"我进一步问。

妈妈摇了摇头说："你姥姥只是在农忙时，让我上地帮着干会儿活。我呢，一上地才知道干活的辛苦，只一会儿就累得腰腿酸痛，想到你姥姥、姥爷干了一天的活了，更加累，我就想多做点事，让他们能多歇息一会儿。所以，吃完饭负责刷洗碗筷，是我自愿做的。"

听妈妈这样说，我顿时觉得羞愧难当，低下了头。

妈妈接着说："妈妈让你喂牛，实在是没办法了。等我和你爸忙完了这一阵，就不让你喂牛了，好不好？"

我没有吭声，只是频频点头。

那天晚上，我躺在床上，想着妈妈说的话、做的事，觉得自己与她相比，是那么不懂事。此后，我再也没有提过不放牛的事，而且比初开始更加精心地去照顾我家的那头老黄牛了。

现在想来，我暗自佩服妈妈，她在叙述自己的行为中，不动声色之下，就让我甘心按照她所说的去做了。

感悟点滴

孩子都喜欢玩，若是见别的同龄孩子都玩得十分开心，自己却要帮父母做事，心里肯定会不平衡，甚至不愿意再做下去，这十分正常。

如果父母强行要求孩子继续做事，他往往会产生抵触的情绪，即便表面不敢违抗，按照父母所说的去做了，心里也不情愿，会敷衍了事，不会尽心尽力。

而若是父母向孩子袒露自己那时候是怎么做的时，这样委婉地与孩子进行沟通，孩子在不自觉的情况下，就会学习父母的行为，当然也乐意按照父母所说的去做了。

尤其是那些不方便问孩子的事情，父母用自我袒露的方式去引导，效果会更好。

我的女儿小雪读初二，十四岁，正处于青春期。这个年龄阶段的孩子，很容易对异性产生朦胧的好感，甚至会因此走上早恋。我像所有的父母一样，担心女儿也有这个倾向，怕她因此耽误学习，所以比较留心小雪的言行举止，希望从中发现蛛丝马迹，及时引导。

结果，最近几天，我还真发现了女儿有些不大对劲，她的卧室经常锁着门，而且日记本也好像放得比较隐秘，并且我还发现，小雪比以前爱好打扮了。

综合以上现象，我觉得女儿有谈恋爱的迹象。

我知道此事不好直接问，就当根本没有发现，心里却一直盘算着，应该如何引导女儿。这时候我想起当年妈妈的办法，决定如法炮制。

一天晚上，看小雪又把自己关在卧室里，还反锁着门，我在外面喊："小雪，妈妈能进去吗？"

"当然可以啦！"女儿说着话，把门打开了。

我走进去，坐在小雪的床上，和她东拉西扯地闲聊了几句，提到了学校的事，我悄悄地问："小雪，你们学校有谈恋爱的没有啊？"

"有，还不少呢！"小雪这样说着，红着脸低下了头。

"这是正常现象啊，想当年妈妈读初中的时候，有好几个同学追呢？"我有意这样说。

"妈妈，真的呀？"小雪抬起头，来了兴趣，追问，"妈妈，快说说，那些男同学，都是什么样子，你是怎么做的？"

"有一个长得特别高大帅气，篮球打得很好，成绩却不怎么好。他说喜欢我文静，想交个朋友。有一个长得不怎么样，但成绩好，不善于表达，却总是默默地帮助我，帮着打扫卫生啦，我有问题主动上前帮着解答啦……"

"其中，有爸爸吗？"小雪打断我，好奇地问。

"有，你爸爸就是那个默默帮助我的同学啦！"我笑着回答。

"那你们初中就谈恋爱啦？"小雪再次追问。

"要是那时就谈恋爱的话，我们有可能都不会考上大学了。当时，我们学校有好几对早恋的，都因为耽误了学习，初中毕业就辍了学。"我着重说。

"妈妈，讲讲你和爸爸怎么做的。"小雪以为我跑题了，又把话题拉了回来。

"当时，你爸爸喜欢我，而我呢，也不讨厌他。两人就相约，一起努力学习，互相促进，等考上同一所大学后，如果感情没有变，再谈恋爱。就这样，我们两个成了好朋友，彼此激励着努力学习，结果真的考上了同一所大学，这才正式恋爱。"

小雪听到此话，似有所悟地点了点头。虽然女儿没有说什么，但我心里清楚，她明白了我的用意。如果没有早恋，这是对她的一个警示；如果正在谈恋爱，也应该知道如何正确去做了。

感悟点滴

> 处于青春期的孩子，不仅容易早恋，而且逆反心理严重。如果父母发现孩子有早恋的现象，直接盘问，孩子一般不会承认，即便承认了，如果父母采取堵截的方式，往往会适得其反，甚至弄得结局不可收拾。
>
> 这时候，父母采用自我袒露的方式与孩子进行沟通，通过亲身事例，对孩子进行引导，孩子就比较愿意接受父母的教育。

其实，有很多时候，很多事情，父母都可以向孩子适当地自我袒露，这样与孩子沟通会比较融洽，当然也常常会收到意外好的效果。

我的发小王淑英，前几天从西安给我打来电话说："启慧，我女儿小华昨天不小心，把家里一个毛主席的雕像从桌子上碰到了地上，摔成了两半。小华知道我十分珍惜这个雕塑，所以特别内疚、自责，从昨天到今天，一直是沉默寡言，看到我就说'对不起'。我真有些担心女儿，有什么好办法能尽快使她从消极的情绪中走出来？"

"你是不是很严厉地批评孩子了？"因为我知道王淑英对女儿严厉、苛刻，因此这样问。

"自从上次经历那件事，我发现女儿容易自责之后，再也不敢轻易批评她了。这次摔坏了毛主席塑像，我虽然比较心疼，但一句都没有说女儿。不仅如此，我见她情绪低落，还安慰女儿没有事呢。"

听她这样说，我心里清楚了。考虑了一会儿，我问她："你还记得小时候，曾经打碎过物品或者类似的事情吗？"

"有啊，记得有一次，我把别人送给爸爸的青花瓷菩萨打碎了，为此还挨了一顿揍呢。后来听爸爸说，那个值很多钱，少说也要上万，结果被我打碎后，一文不值了。"

"好，就把这件事情讲给女儿听，通过对比，让小华知道自己不小心打碎了塑像没有什么大不了，她就不会再自责啦！"我教王淑英这么做。

"好，我就按照你说的试试看。"她接受了我的建议。

昨天，王淑英又给我打过来电话，兴奋地说："启慧呀，你出的高招儿是管用。我把这件事情对女儿说了后，她有些吃惊地问：'妈妈原来也做过这样的事呀？'我点头。女儿当即就笑了，还说自己没有想到妈妈也犯过类似的错误呢。"

听到这样的消息，我也跟着开心，笑着问："没有告诉女儿要小心吗？"

"没有直接说，我就讲自己从那次把青瓷器打碎后，以后做什么都很仔细、小心了，再也没有把东西弄坏过。小华听后，接过去就说'自己以后也会小心'，呵呵，我就没有说的必要啦！"

"哈哈，你学得倒挺快呀！都可以当我的老师啦！"我开心地笑着打趣。

王淑英连忙半开玩笑地说："不敢、不敢，以后还得请教启慧老师多加指点才是，这样学生的水平才能不断提高，才会更有效地教育孩子呀！"听着她开心的声音，我心里也溢满了喜悦之情。

感悟点滴

有些孩子比较内向，罪责感比较深，犯了什么错误，父母没有说什么，就会自责，甚至很长时间都不能释怀。这样不但会影响孩子的正常生活，对孩子的身心健康也不利。

这时候，父母非但不能批评，还要安慰，与此同时，用自己以前所犯同样错误来引导孩子，告诉他那不是什么大不了的事情。这样进行沟通，孩子知道权威的父母也犯过同样的错，甚至比自己更严重，他的负罪感就会减轻，能够比较快地从阴霾中走出来。

总之，父母在多方面，都可以用自我袒露的方式与孩子进行沟通，这样孩子易于接受，也比较愿意听从。

四、恰当使用暗示

一天，我带着小宇出去玩，路上遇到了一个很久没见的老朋友王丰，两人就站在路边聊天。

"你现在还是当老师吗？"他问。

"嗯，另外还开了一个青少年咨询室，指导家庭教育，使孩子健康成长。"我回答。

"太好啦，我现在正为教育不好孩子发愁呢，有一个做这行的老朋友，以后我就方便多了。我现在就想向你请教个问题。"王丰开心地说。

"行呀，你说吧？"虽然明知道儿子可能等着着急，但我不好意思拒绝，只好答应。

果然如我所料，小宇见我们没完没了地说，有些着急了，走上前拉了一下我的手，轻轻地喊了一声。

我朝他挤了一下眼睛，示意儿子去到旁边玩一会儿。小宇领会了我的意思，就到旁边玩去了。

王丰便开始给我讲他孩子的问题。由于内容多，而且一句半句根本说不明白，我对王丰讲了十多分钟，他还是有点摸不着头脑，一个劲地追问具体该如何操作。

在这段时间内，小宇几次悄悄地走到我身边，想阻止我们的谈话。见我没看他，又去玩了一会儿。

就这样来回几次，小宇见我好像根本没有看见，他故意使劲跺着脚地往我身边走，弄出动静来提醒。

我依然装作没看见，但却一直留心着儿子。见他已经来到我面前，小脸憋得通红，张嘴就要讲话，我担心他会说出难听的言语，趁王丰没注意，急伸两手，向他做了一个停止的手势。

儿子看到这个动作，使劲咽了一下唾液，扭转身又去坐在了路边的台阶上。我知道儿子一定是等得十分焦急了，又简略地告诉一下王丰正确改变孩子的要点，便结束了这次谈话。

小宇见王丰走了，快步跑到我面前，急切地对我说："妈妈，你们聊那么久，都把我急死了，刚才你若不是做那个手势，我真要打断你们的谈话了。"

听儿子这样说，我暗自庆幸自己暗示的及时。

为了安慰儿子，我笑着说："呵呵，儿子，妈妈就是因为知道你着急啦，这才早点结束谈话了，你没看出来吗？"

小宇点了点头，我们娘儿俩愉快地往公园走去。

感悟点滴

> 父母预感到孩子要说什么不妥当的话，或者做什么不妥当的事，用动作手势暗示孩子不要那样说、做，或者摇头表示自己不允许，都能够有效避免尴尬的情景发生。
>
> 当然，孩子已经做了不对之事，也可以用此方式。尤其是当着众人，为了维护孩子的尊严，父母可以用表情、眼神、动作来暗示孩子，使他收敛起不好的行为。父母如此做，给孩子留足了面子，孩子会更加愿意纠正错误，改正自己，变得懂事、明理。

我的女儿小雪，一向乐于助人。说起这个好习惯的形成，还得感谢一个老爷爷呢，是他积极的暗示，才进一步促使小雪更加乐于助人。

记得那是小雪五岁时，我下班后，让爱人看着小宇，自己就带着小雪去市场买菜。经过一个路口的时候，正赶上红灯，许多人都在那里等着过马路。其中，有一位须发白如雪霜的老人，拄着拐棍，正颤悠悠地准备过马路。

我担心他的安全，拉了一下小雪说："走，咱们搀扶着老爷爷过马路。"

　　说着，我抬腿朝老人走去，来到他的右侧，伸出双手扶着老人的胳膊说："老伯伯，现在还是红灯，等绿灯亮了，我扶着你过马路。"

　　小雪见我这样做，跑到老人左侧，伸出小手拉着他的衣服说："老爷爷，我也来帮助你过马路。"说着话，还朝我挤了一下眼睛。

　　老人点头，神情里满是感激之情。绿灯亮了，我们娘儿俩搀扶着老人过了马路。他感激地对我说："太谢谢你啦！"

　　"呵呵，老伯伯，您不用客气！"我笑着回应。

　　老人点了点头，转过脸面向小雪，一边抚摸着她的头一边说："这么小的孩子，就知道帮助人，真是个乐于助人的好孩子呀！"

　　小雪听到夸奖，有些不好意思，脸也跟着红了起来。等老人走后，我继续和女儿朝前走，同时注意着观察她的表情。我发现女儿听完老人的夸奖之后，脸上一直带着笑容，看情形是异常地开心。

　　就这样走了一段路，突然，小雪看见前面有一个老婆婆，手里提着重物，我还没有上前，她已经主动跑过去帮助。老婆婆见小雪是个小孩子，微笑着婉言谢绝了，但对她主动帮助人的行为却大加赞赏。我这时走到了老婆婆面前，帮着她提了一段路程的东西。

　　自从这次出门，小雪因为帮助人，得到了"乐于助人"这个夸赞的暗示后，以后再出门，只要碰见老年人，她就主动上前帮助。后来发展为只要是需要帮助的人，不管年龄大小，只要力所能及，一律上前帮助。

　　我发现夸赞孩子能起到积极的暗示之后，有一次老同学张敏说自己的女儿小雅懒惰，担心孩子这样下去，动手能力缺失，影响以后的独立。

　　我联想到女儿小雪受夸赞暗示后的行为，建议她留心女儿的行为，一旦发现孩子有比较勤快的时候，就大声夸赞，建议她运用这种暗示去改变孩子。

　　张敏听后半信半疑，但她实在是太想改变孩子了，决定用我所说的办法试一试。

　　两个月后，张敏给我打电话，说要带着女儿到我家玩玩。我答应着，想到小雅，就问：我给你提的建议实施了没有？小雅有没有变化？"

　　"呵呵，实施啦。至于效果吗？你先别问了，到那儿后你自己看吧。"

第二天，张敏带着女儿小雅到我家。小姑娘进了屋之后，看见小宇的飞机放在了地上，走上前从容地把它捡了起来，放到桌子上。看到这情景，我朝张敏望去，发现她正在笑眯眯地看着我，眼里都是满足之情。

无须再问，小雅的行动已经证明，她的确比以前勤快多了。

感悟点滴

> 父母有可能自己都没有注意，孩子一次不经意间的好行为，如果受到了别人的夸奖，就能起到积极暗示作用，孩子就会把这个好行为一直持续下去。
>
> 因此，父母想让孩子成为什么样的人，就经常那样去暗示孩子，那么不久之后，孩子就会真的变成父母所希望的样子。

除了肢体暗示、语言暗示之外，其他的许多暗示法的沟通，一样也会起到良好的作用。

记得有一次，爱人与几个比较要好的同学聚餐，都带了全家人，总共加起来有二十多个人。开了四辆车，在郊外玩了一上午，临近中午的时候，我们在附近找了一个农家饭用餐。

因为人多，也想尽兴，爱人和他的几个老同学，点了许多菜，一个大桌子都摆满了。

开始吃饭了，有一个叫小良的孩子，可能比较喜欢那个叫大杂烩的菜，站起身，趴在桌子上去夹那道菜，衣服几乎挨着了身下的菜。

我发现了，不好意思说，装作没瞧见，但却留神察看着他的动静。

"小良。"妈妈见他吃饭如此不懂礼节，在下面拉了拉儿子的衣服，又小声喊了他一下。

小良回过头看妈妈，没理解她的意思。

他妈妈就用筷子夹面前盘子里的菜，用自己的行为示意孩子。

这一次，小良明白了，他匆忙夹了一筷子，立即坐下来，再也没有起身伸着胳膊够那道大杂烩的菜。

我暗自佩服小良妈妈的聪明，她通过行为暗示的方式，既维护了儿子的面子，又教会了他如何正确去做。

其实，我发现生活中有许多智慧的父母，都会用这种暗示的方式启发孩子。

邻居张艳，曾用过旁敲侧击的方法暗示过儿子，使他主动不再看电视。

一天我下午课少，回家比较早，正好碰见邻居张艳接儿子小帅回家。

"你没事就过来坐会儿吧，现在时间还早，不着急做饭呢。"我正要掏钥匙开门，张艳说。

"阿姨，去我家吧。"小帅上前拉着我说。

"好，去坐会儿。"见她们娘儿俩热情邀请，我不再推辞。

进了张艳家，我和她坐在沙发上聊天，小帅就打开了电视，看起了动画片。

张艳见儿子如此痴迷动画片，想让他学习。因此先朝我使了一个眼色，然后有意大声说："启慧，我前天遇到一件事，你要不要听听？"

"好呀，说吧，我洗耳恭听。"

"妈妈，我也要听。"小帅听了很感兴趣，凑上前说。

"好的，你们俩听着，我开始讲了。前天，一个朋友十分痛心地告诉我，他儿子高考没能被大学录取，不是孩子不聪明，而是因为孩子迷恋电视，耽误了学习，才影响了前途。他们夫妻两个为此十分难过，后悔当初在孩子看电视时没有限制。而孩子呢，也很愧疚，觉得自己对不起父母的辛苦付出，还搭上了自己大好前程。"

张艳说完，我立即明白了她的意图，立即接过话说："如果这个孩子，小时候意识到这点就好了，他就不会把时间总花在看电视上了。"

小帅听着我们两人一唱一和，开始时有点莫明其妙，瞪着眼来回看着我和他的妈妈，过了一会儿，好像明白了什么，站起身去卧室了，好大一会儿都没有出来。

张艳朝我挤了一下眼睛，悄悄地跟了过去，发现儿子正趴在自己小桌上写字呢。她又轻手轻脚地走回来，朝我小声说："大功告成！"

我笑着朝她伸出了大拇指，赞成她的高招。

感悟点滴

> 　　父母要想改变孩子某些不良的行为，如果不方便说，或者直接讲效果不好，就可以通过自己的行为去暗示孩子，或者用讲别人的方式对孩子进行旁敲侧击，如此委婉中表达了自己的希望，孩子更愿意听取。
>
> 　　总之，父母在日常与孩子相处中，应该多用表情、语言、行为等方式暗示做错事的孩子，这样能够维护孩子的尊严，保全孩子的面子，从而更有效地塑造孩子良好的行为，不留痕迹地使他成为一个优秀的孩子。

五、做孩子的偶像

　　儿子小宇四岁左右的时候，有一次出去玩肚子饿了，回到家直接冲进了厨房朝我喊："妈妈，做好饭了吗？"

　　"儿子，饿了？一会儿就好啦。"我说。

　　"我靠，饭还没好，饿死了。"小宇嘟囔着走了出去。

　　我听到了那句脏话，大为惊异，甚至想追出去，问问他跟谁学的。但担心自己这样做，反而起到强化的作用，我当时就没有多说。

　　吃过晚饭后，我想着此事，就问爱人："杨凯，你听儿子说过脏话吗？"

　　"脏话，什么脏话呀？"他有些茫然看着我问。

　　"你先别问什么脏话，想想自己当着孩子说过一些类似口头禅的脏话没有。"我提醒他说。

　　爱人想了一会儿，一拍脑袋，恍然大悟地说："我想起来了，前几天，我骑着自行车去接小宇时，在回家的路上，没注意到中间有个石子，自行车轮子刚好从上面经过，我被咯了一下，还差一点摔倒。我急忙把车子稳住，嘴中不由自主地脱口而出'我靠'这两个字，当时自己也没有意识到怎么就说出了口。当时，小宇可能觉得好玩，也学了一句'我靠'，说后还咯咯直笑。"

"你呀，一点都不注意。"我埋怨爱人。

"其实，当时我一听儿子那样学就后悔了。就告诉他是句脏话，以后不能再说。可是儿子听后却反问我：'不能说你怎么说了？'问得我一时语塞。为了不让他今后再提这句脏话，我告诉儿子自己今后也不会说了，他点头同意了。怎么了，难道小宇又说这句脏话了吗？"爱人解释完问我。

我点了点头，并告诉了他下午小宇说那句脏话的情况。

爱人听后痛苦地摇着头说："这个小宇，自己都答应不说了，怎么还讲呀。"他从中真正体验到父母的行为对孩子的影响有多大，为此后悔万分，向我发誓以后再也不会说"我靠"这两个字。

他讲完之后，见我默不作声，又急忙安慰我："启慧，你也别太在意了，我是无意间吐出了口，儿子根本就不理解这脏话什么意思，也并不是有意去说的。今后咱们想想办法，促使孩子尽快忘记这句话。"

我见爱人认识到了自己的错误，而且讲得也有道理，就点了点头，但想着要使儿子以后不再说此话还需要花费一番精力，心里却异常地沉重。

■ 感悟点滴

孩子与父母接触的最早，接触的时间最多，再加上孩子小时候喜欢模仿，父母的言语、行为，以及解决问题的方式等等，不管是否愿意，都可能在潜移默化地影响着孩子，幼小的孩子无意间就能学会。

为了孩子能有一个美好的明天，作为父母，应该时刻都要注意自己的行为，在各方面都为孩子做一个好榜样，避免给孩子造成负面影响。否则，孩子因为学习父母而形成了不良行为和习惯，再想改变很难。

父母要认识到自己在孩子成长过程中的重要性。不仅要时刻注意自己的言行举止，还应想办法使自己成为孩子的偶像，那么孩子就会刻意模仿，更有利于孩子学习自己。

我有这个认识，还源于一段有趣的经历。

那是我刚教学不久的时候，有一天上午，我去学校比较早，准备好了上课的物品，看时间还早，我就到操场遛了一圈。

前面有两个女学生，一个长头发的女孩说："我最喜欢李连杰了，他主演的电影，我都爱看。我还注意到，他有几个习惯性的动作，我也会做呢。"

留着齐耳短发的女生听了不屑地说："你喜欢李连杰？听说他一点都不关心与前妻所生的女儿。"

"不要这样说他，那是事出有因，也可能是谣传。"长头发的女孩生气地朝着短头发的女孩嚷。

"世上人没有……"短头发的女孩也不示弱，正要辩解，就在此时，"丁零零"，响起了上课铃声。

两个女孩不再争论，转身往教学区跑去。我也回到办公室，拿着书本去给学生上课。

但这件事情，却留在了脑海里，使我认识到了"偶像"的巨大作用。当时我就在想，以后我若有了孩子，就尽量在各方面树立良好的形象，争取做孩子的"偶像"。这样，不用我多说，孩子就能习得许多良好的行为。

我这样想，有了两个孩子之后，便如此去做。

而孩子，好像也真把我当成了偶像。

记得女儿小雪五岁时，有一次我去幼儿园接她，回家的路上看到了个推着三轮车卖书的，我便下了车子蹲着翻看，小雪站在我旁边懂事地等着。

"放心吧，这所有的书，都是正版的。"我听了商贩这话，十分反感，不由自主地皱了一下眉头。因为我知道这些书都是盗版的，翻看也是想看哪些书比较畅销，看一看书的质量，有没有令自己比较心动的内容。

没想到小雪看到了我这个表情，指着卖书的人说："你骗人，我妈妈已经看出来了，你这不是正版书。"

商贩一听乐了，笑着问小雪："呵呵，你这么小的孩子，妈妈没说话，就能从她的表情中知道怎么回事了呀。再说了，你就那么信任你的妈妈呀？"

"那当然了，妈妈什么都懂。刚才她听了你的话皱眉头，就说明你说的不是真话。"小雪毫无顾虑地说。

女儿这话，确实说到正点上，我就是那样所想。想到小雪的话可能会使商贩不快，我忙解释："孩子的话，你别介意呀。"

商贩笑着点头说没事。我带着小雪走后，还听到他在后面嘟囔着："这小孩，有意思，对妈妈也太崇拜了吧。"

我听后，乐在心里。

事实上，女儿不仅把我当成了偶像，还真的有意识地向我学习。

举例来说，我上大学期间，就养成了一个良好的习惯，每天晚上，都会看一会儿书，以此不断地充实自己。

结婚生了孩子之后，虽然要忙一些，我依然还是保持着这个习惯，几乎每天晚饭后，都会在书房待上一会儿，沉下心来与书籍交流。

女儿小雪七岁时，一天，吃过晚饭后，儿子小宇睡着了，我急忙抽空来到书房，拿起一本有关教育的书专注地看了起来。

也不知道过去了多长时间，我感觉到脖子疼，就把书放在桌上，闭着眼睛转动了几下脖子，又做了一会儿眼保健操。正在我转动眼球的时候，意外地发现小雪正坐在一个小凳上，手拿着一本故事书在翻看。她刚刚七岁，上二年级，书里面的字，绝大多数她都不认识，怎么就能看书呢？

我欣喜的同时，悄悄地走到小雪身边，蹲下身子。她因为入迷没注意到，还在一页页地翻看，有时候还停留一会儿时间，好像在欣赏精彩的内容，有时又像是陷入沉思之中。

我见女儿没有察觉，轻轻地拍了一下女儿的肩膀说："小雪，看书呢？"

女儿这才醒过神来，转身一下子扑到我怀里说："是呀，我见你有空就到书房看书，那么入迷，所以我也想看啦。"

听小雪这样说，我心里异常高兴，见她虽然现在还认识不了多少字，却不用我引导，就喜欢上了读书。我希望女儿不管长到多大，都能把看书这个好习惯坚持下去。时至今日，小雪一直保持着看书的习惯，我很知足。

其实，因为小雪比较崇拜我，在许多方面，她都在注意着学我。

记得此事发生不很久，一个周末，我叫小雪照顾着弟弟，自己和爱人穿着旧衣服，开始大扫除。

在将近尾声时，同学王冰来访。

"我衣服脏，先不招待你，随便坐吧，我一会儿就打扫完了。"我说完话，加紧打扫卫生。

而此时，小雪像个小大人似的走上前说："阿姨，您坐吧！"她指着沙发对王冰说。

"好，小雪真乖。"王冰嘴里夸赞着，坐在沙发上。

我清扫完，急忙脱掉脏衣服，弯腰去茶几拿杯子，准备给王冰沏茶，却意外地发现茶几上已经有沏好的茶了。

"这茶是？"我看着王冰，疑惑地问。因为我不相信这是王冰本人所为，因为她虽然是我的老同学，两人十分熟悉，但为人比较谨慎，一般不会动别人的东西。

"你女儿小雪沏的，她还招待我坐下呢。"王冰明确地告诉我。

我听后有些不相信，转眼去看女儿，真不敢相信这茶是她所沏，因为女儿喝茶从来都是我和爱人倒，她根本就没有自己沏过茶。

而小雪，正看着我呵呵地乐，因为开心，眼睛都眯成了一条缝。

"闺女，这茶真是你沏的？什么时间学会的？你又怎么知道招待客人呀？这些我可从来没有教过你啊！"

"妈妈，不用你教。每次家里来了客人，你都这样做，我就学会啦。"小雪有些害羞地说。我听后无比的欣慰。

感悟点滴

日常生活中父母的言行举止，幼小的孩子天天看在眼里，甚至没有亲自操作，就已经学会，而此时作为父母的或许还可能不知道。

所以，父母要想培养一个各方面都比较优秀的孩子，首先要全方位地提高自己，使自己成为孩子心目中的偶像，那么不用父母多说什么，孩子就会有意甚至是刻意去照着父母的行为去做，轻松地习得这些行为，甚至因此形成良好习惯，受益终生。父母作为孩子的偶像，是无言的交流，不用多说什么，就能起到巨大的作用。

六、错了主动向孩子道歉

我见过许多类似的父母，明知道做错的事情，或者是冤枉了孩子，却不向孩子道歉，以为这样丢面子，失了权威，会被孩子看不起。

其实，恰恰相反，父母错了不承认错误，倒会被孩子轻视。

有一次，下班后我正往家走，在校门口碰见了老同学，同小区的王熙荣，因为顺路，我们就一边往前走，一边聊天。

我好奇地问她："你怎么来学校啦？"

"我来问问老师小峰的成绩怎么样。"她说着，朝身边的儿子看了一眼，见他没注意听我们说话，就靠近我，稍微放低声音说："我上次问儿子成绩，感觉到他撒谎了。昨天小峰回去说各门课都考了八十多分，我不相信，今天特地过来看一下。结果，每一科，儿子都多说了十来分，尤其是英语成绩，竟然多说了十六分呢。我没想到儿子竟然如此不诚信，回去之后，得好好教育教育他了。"

"妈妈，你说我不诚信，那你呢？"小峰听到了妈妈的话，不仅没有觉得惭愧，相反十分生气，靠近妈妈质问。

"你这孩子，我，我怎么啦？"王熙荣有些底气不足地问。

"你上次答应暑假带我去桂林，为什么没有带我去？是不是也有失诚信？"

"你，你这孩子，乳臭未干，竟然敢来教育你妈妈了，回去看我怎么收拾你。"王熙荣觉得儿子驳斥自己，颜面无光，生气地说。

"收拾就收拾，又不是没有收拾过。"小峰不屑地看了妈妈一眼，大声顶撞。说完，往前快步走去，嘴里还嘟囔着："你自己就不守信用，如何叫别人诚信？一点都意识不到自己的错误，还想……"

他的话，虽然声音不大，但我和他的妈妈字字都听得很清楚。王熙荣难堪地看着我，不好意思地说："现在的孩子，真是不服管教了。"

"别说服不服管教，刚才儿子的话你也听到了，反省一下自己，看有没有错误。"

"我知道自己有错，可是儿子也不该对我这个态度呀！"王熙荣有些委屈地说。

"你有错，知道错了，就应该向儿子道歉。"

"道歉，我要是向儿子道歉，他不是更不把我放在眼里了！"王熙荣瞪着眼说。

"你要真是向儿子道歉了，他对你也就不是这个态度啦！你和儿子之间就能顺畅沟通，小峰也就不会像刚才那样，气鼓鼓地先走了。"听我这样说，王熙荣不置可否。

感悟点滴

对于父母做错了事，是否应该向孩子道歉，多数父母认为那样做有失自己的面子，在孩子心目中会没有威信。

但事实上恰恰相反，当父母冤枉了孩子，知道错批了孩子之后，及时向孩子道歉，这样孩子觉得自己受到了尊重，会对父母更加看重，亲子关系也会变得更加和谐。

否则，孩子就会与父母疏远，有可能还会因此对父母产生怨恨心理，最后父母再想弥补，有可能都无法填平孩子心中的伤痕。

我知道她有点不相信，但事实情况确实是如此，我就有过这样的经历。

记得小雪五岁左右的时候，一天，朋友给我捎回来一些物品，因为有事时间紧，不能送到我家里，说他路过我家附近一个地方，让我到那里等着拿。当时，爱人带着小宇出去玩了，我把女儿一个人放在家里不放心，就带着她一起出了门。

我是一个时间观念特别强的人，生怕六点赶不到那里，怕朋友等着。因此，路上，我一直催促着小雪快点走。

可是，不知道为什么，小雪却不像平常那样听话。我多次催促她快些，女儿好像没有听见似的，不是走几步就停下来看路边的花草，就是站在路边看小朋友玩耍，总之是不好好走路，看样子有意磨蹭。

见此情形，我想着六点半也赶不到约定的地方，着急了，大声训斥女儿："小雪，你到底听见妈妈说话了没有？再不快些走，就把你一个人扔在这里，我自己走了。"

小雪一听我这样说，不仅没有快点走，反而把头一扭，索性站住一点都不往前走了。

见女儿今天如此不可理喻，我更加生气了，怒气冲冲地走到小雪身边，伸手就要揍她。

"妈妈，我想找小伙伴玩去，不想和你一起见朋友。"小雪仰着头说。我看见她眼里噙着泪水，好像还挺委屈。

听到小雪说这话，我立即明白了她磨蹭的原因，又想到自己确实没有提前问女儿是否愿意去，就拉着她出来了。

想到此，我拉着小雪的手，温和地说："女儿，对不起，是妈妈错了。因为与朋友约好了，怕去迟到了，一时着急，就没有在出门之前征询一下你的意见。如果你现在还想找小伙伴玩，现在就把你送回去，好不好？"此时，我已准备打电话给朋友另约时间。

"妈妈，没事了，咱们快点走吧，时间还不晚呢。一会儿回来之后，我再去找小伙伴们玩。"听完我的道歉，小雪的态度大变，说着话，往前就走，速度不仅比刚才快，而且比平时正常走路的速度都快。我想，女儿应该知道我着急，所以主动加快了速度。

结果，我和女儿到了约定地点时，刚好六点钟，朋友因为坐车，迟到了两分钟才到。我拿到了物品，和小雪一起高高兴兴地往家走。

说心里话，我真没有想到，错了向孩子道歉竟然起到了这么大的作用。

感悟点滴

父母让孩子做什么事情，若是他的言行举止与平时不同，比如说有意磨蹭，其中就肯定会有原因。举例说，孩子想去玩，父母却带着他会朋友；孩子想去集市，父母却让他跟着自己走亲戚等等。孩子之所以磨蹭，是因为父母开始没征求孩子的意见引起的。

遇到类似这样的事情，父母不仅不要生气，还应该先审查自己的行为，若是做错了，就向孩子道歉。这样孩子觉得自己受到了尊重，才愿意与父母沟通，进而才会配合，按父母的要求去做。不仅如此，父母做错了事，勇于向孩子道歉，不仅能够得到孩子的谅解，受到孩子的尊重，甚至还能潜移默化地影响到孩子。

记得发生上例事情不久，有一天，爱人放在桌子上的十元钱不见了，他觉得小宇还小，根本不会拿钱，就怀疑是小雪拿走买零食花了，爱人就把女儿找过来询问。

"小雪，我今天早上放在桌子上的十元钱，是你拿走了吗？"

"爸爸，我没看见，也没有拿钱。"

"你真没有拿？是不是拿了不敢承认呀？"

"我真的没有拿，你怎么就不相信我呢？"

"你没拿钱怎么能不见了呢，这么小一点，就开始随便拿钱乱花了！而且不跟大人说一声！拿了还不承认。"

"我真的真的没有拿你的钱。"小雪无助地喊着，眼泪无声地流出，她强压抑着没有哭出声。

爱人见小雪这般模样，虽然没有完全打消对小雪的怀疑，但已有点动摇。他不再盘问小雪，开始围绕着桌子周围仔细查找，最后在一个角落里，发现了那十元钱。

爱人冤枉了女儿，想向她道歉，可又觉这样做有损面子，所以捡起钱后，就不再提这件事。

我回家后，女儿一下子扑在我怀里，把爸爸冤枉自己的事情给我讲了一遍，最后说自己恨爸爸。

了解了这一情况，我去找爱人，核实了事情前后经过之后，我坚持让他给小雪赔礼、道歉。他虽然很不情愿，但最终在我的坚持下，还是给小雪道歉了。

后来，小雪对我说："我发现爸爸变了，错了还能给我道歉呢。"说着话，脸上露出喜悦的神情。

爱人因为冤枉女儿小雪拿钱，并道歉之后，过了两天，小雪悄悄地把我拉到身边，郑重地对我说："妈妈，你还记得上周丢圆珠笔的事情吗？"

听女儿突然如此问，我不知道她葫芦里卖的什么药，并且这件小事情我也不记得了，就实事求是地摇了摇头，并问她："怎么，你知道那支圆珠笔丢在了哪里？"

"我当然知道啦，那支圆珠笔是我拿走的，本来想用一下就给你放到桌子上，但后来我忘记了，就不知道把它丢在哪里了。你问我时，因为害怕你责备，我就说自己没有拿。看着你在桌子上翻找，我心里很难过，想告诉你真相，但又不敢，就躲出去了。真对不起，妈妈，我今天把这件事告诉你，你能原谅我吗？"

我敲了一下女儿的脑袋说："小鬼，知道错了就好，现在给妈妈道歉了也不迟，我当然会原谅你了。以后再有类似的事情，只要及时告诉我真相就行了，免得我像上次那样浪费更多的时间。"

小雪使劲地点了一下头说："好，妈妈有错能道歉，爸爸也能做到了，我一定也能说到做到。"

感悟点滴

天下的父母，应该都希望自己的孩子能够知错认错，而要想让孩子做到这一点，父母有了错误之后，要先向孩子道歉。这样做，父母和孩子僵持的关系就能得到有效缓和，沟通就会变得顺畅。

而且，这种良好的行为，还能潜移默化地影响孩子。以后不用父母过多说教，也无须父母刻意教导，孩子看在眼里，错了就知道主动承认错误，向父母或者别人说对不起了。

第三章
采取多渠道多方式进行沟通

一、谈心、聊天

二、便条、视频

三、运用表情、肢体语言交流

四、与孩子一起学习、游戏

一、谈心、聊天

一天，我和小雪聊天，这是我和孩子之间互相了解的主要方式。我问女儿："小雪，最近在学校怎么样？学校里又发生了什么有趣的事没有？"

学校是女儿活动的主要区域，而且我知道她平时最喜欢讲自己与同学以及同学、老师之间发生的有趣的事，因此如此问。

小雪便开心地讲了起来，两人谈得十分投机。后来，提到女儿小时候的事，我讲她那时比较淘气，有一次还故意打扰我写稿子。

小雪听了，神色立即暗淡了下来，幽幽地说："妈妈，你那天可把我伤了呢。"

女儿这句话，一下子把我拉回到记忆中。

记得那是小雪五岁左右的时候，有一次我趁爱人正抱着小宇，就忙走进书房写稿子。小雪平时见我总抱着弟弟，跟她一起玩的时间少了很多，所以很想与我亲近，却总没有机会。

这次，见我把小宇交给了爸爸，她随后跟我进了书房。但看我正在写稿，就不好意思开口，在我身边来回转悠，故意弄出动静使我分心。

我当时好不容易抓住机会写稿，就想当然地以为女儿在一边捣乱，心里生气，就对她呵斥："出去玩，别在这里打扰妈妈。"

小雪听后，十分委屈，眼泪汪汪地看着我，嘴巴张了几下，但最终什么也没说，就转身默默地离开了书房。

看着女儿这样，我心里也有些不舒服，再次拿起笔却没有心思写下去了，于是就信步走了出去，经过客厅时，正看见小雪独自坐在沙发上无声地流眼泪。

我急忙走过去，把女儿揽在怀里问："宝贝，怎么了，是因为妈妈刚才批评你难过吗?"

"不是的。"小雪摇着头抽噎着接着说,"我想让妈妈陪我玩一会儿,才弄出动静吸引你的注意。没想到你没明白我的意思,还训斥我做得不对。女儿就想让你多陪一会儿。"说完话,小雪又嘤嘤哭了起来。

我急忙安慰她:"小雪,刚才妈妈着急写稿,错怪了你。现在,妈妈带你出去玩,好好陪陪你好不好。"

"好!"小雪破涕为笑,随我一起走出了家门。

此事过后,我就没有放在心上。

经过了七八年之后,与女儿在聊天时偶然提起这事,没想到她竟然记得如此深刻,还能感觉到当时所受的伤害。

由此,我才知道,在教育孩子的过程中,我根本没放在心中的事情,有可能孩子受到了伤害,并且会一直记住此事。

从此后,我尽量避讳着不再发生类似的事。与此同时,也更加热衷于和孩子谈心、聊天。

因为从中,我更加了解孩子的心理,不但能及时纠正自己教育孩子过程中的欠妥之处,还能对孩子更有针对性地进行教育。

感悟点滴

父母和孩子聊天、谈心,只有抓住了孩子的心,孩子才会敞开心扉,父母才能更多地了解孩子,从而实施更有效的教育。

但并不是每个父母和孩子聊天,都会有这样良好的结果。相反,有些父母和孩子谈心,因为没找准话题,或者方式欠妥当,往往是不欢而散,甚至导致不可收拾的结局。

我的同学杨强,因为有段时间与儿子关系有些紧张,两人都觉得挺别扭。

杨强想缓和一下与儿子之间的关系,一天晚饭后,他把小洋叫到面前,拍着身边的沙发温和地说:"儿子,来,坐下,咱们爷儿俩好好说会儿话。"

小洋呢，也希望能与父亲和好如初，就顺从地坐在沙发上。

"儿子，最近学习怎么样？"杨强见儿子不吭声，首先打破了沉默。

"不怎么样。"小洋反应冷漠。

"不要紧的，以后好好听课，成绩自然就会上去了。"杨强以前听到这话，就会批评儿子不好好学习。这次为了缓和与儿子的关系，急忙这样说。

他以为这是在安慰儿子，但小洋却更加不高兴了，低着头哼都没哼。

"儿子，今后啊，你要好好学习，其他的事情不要多想。只有学习好了，将来考上大学之后，才会有出路……"杨强避免谈话出现冷场，虽然见儿子好像不高兴，但依然滔滔不绝地说。

小洋再也听不下去了，站起身走进了自己的卧室。突然见儿子这样的举动，杨强愣了一下。

此后，他便发现，儿子更加不愿意搭理他了。

杨强给我讲述了这件事的经过，问儿子为什么会突然站起身就走。

我告诉杨强，可能是他聊天没能抓住儿子的心理，所谈的内容孩子不感兴趣导致。因此建议他再和儿子说话，谈一些孩子喜欢的话题。

他回去照办好后，和儿子紧张的关系很快得到了缓和。

父母与孩子谈话，不仅要找对话题，而且在孩子向父母透露自己的心事时，父母应该严守这个秘密，不能把它宣扬出去，否则孩子就会对父母失去信任，有可能从此关闭上心门。

我曾接触过这样一位母亲，她向我哭诉说："女儿以前和我的关系很好，我们母女俩几乎无话不说。可是现在，女儿却把我拒之千里之外，什么话都不愿意向我说了。"

"你知道女儿因为什么变成这样吗？"我问她。

这位母亲点头，接着给我讲述了这样一件事：

我的女儿刚读初二，一天她收到一个男同学的纸条，说想与自己交朋友。这个男生，与我们在同一个小区里，他的妈妈我也认识。

女儿一向与我关系很好，就把这件事情告诉了我，并让我为她保守秘密，对谁也不要说。

我答应了女儿，其实并没有往心里去，想着这么小的孩子，根本不懂得什么叫爱情，把孩子之间写纸条的事，便当成了笑谈。一次在与小区里熟人一起聊天时，谈到了孩子早恋的话题，我把那个男孩给女儿写纸条的事说了出去。

没有想到，很快女儿就知晓了此事，她回家哭着质问我："妈妈，你为什么没有给我保守秘密？现在班里同学都知道了这件事，那个男生还以为是我故意泄露了此事，感觉受到了侮辱，对我产生怨恨心理。"

我没有想到事情竟然发展到了此种地步，也很后悔，忙安慰女儿说以后再也不会做出这样的事。

女儿听了，跺着脚喊："你以为还有以后呀，以后，我有什么话再也不会跟你说了。"

从此后，女儿真的变得沉默寡言多了。以前，我不问她有什么事都和我说，现在，我就是问她也不讲。

这位母亲沮丧地讲完这件事，懊悔不已。

感悟点滴

父母和孩子聊天，需要找对话题，孩子才会向父母敞开心扉。

在孩子信任父母，愿意把心里话对父母讲的基础之上，父母还应珍惜这份信任。孩子所讲的事情，要求不要向外说，父母一定要谨记在心，才能一直赢得孩子的信任。

否则，不管父母是有意还是无心，一旦泄露了孩子的秘密，有可能就会永远失去了解孩子的机会。

和孩子谈心、聊天，能了解孩子心理，从而更有效地引导教育孩子。这只是一个方面，父母也可以把自己的心里话讲给孩子听，让孩子也了解自己，有可能父母会因此得到意想不到的收益。我就有这样的亲身体会，至今想来还备感温暖。

那是小雪六岁左右的时候，我因为要照顾着她的弟弟小宇，还要工作，每天都比较劳累，睡眠也严重不足，一有空闲，就想着好好休息。

但是，许多时候，由于这样那样的原因，却做不到，尤其是白天，即便睡觉，也很难真正入眠。不是小雪进屋来打扰，就是小宇哭了爱人抱着他找我。所以，那段时间，我特别渴望能有一个好睡眠。

有一次，我和小雪在聊天时，她说自己就烦小伙伴不经过允许就动自己的玩具，然后问我："妈妈，你讨厌什么吗？"

我想着自己睡眠严重匮乏的状况，不假思索地说："妈妈呀，因为平时工作忙，又要照顾你的小弟弟，许多睡眠时间都被挤掉了，所以在休息的时候，最讨厌被人打扰啦。"

我当时只是这样信口一说，没想到小雪从此后便记住了这句话。

有一次，儿子小宇睡着了，我把他放在小雪的房间里，让爱人照看着，自己去休息会儿。即便这样安排好之后，我依然不放心，躺在床上合着眼，却并没有真正睡着。

不大一会儿，我就听到小宇睡醒哭闹的声音。爱人快步跑向小雪卧室，抱起孩子，想过来找我。

小雪急忙拦住他说："爸爸，妈妈正休息呢，你先哄着小宇，让妈妈睡一会儿。"

"不知道你妈妈睡着了没有，你进屋看看去。"爱人担心哄不好孩子，吩咐小雪进屋去看看。

我没有听见小雪答应，却感觉房门被无声地推开，小雪已经轻手轻脚地走了进来。她远远地看着我没动弹，就又悄声走了出去，小声对爸爸说："爸爸，我妈睡着了。走，咱们带着小宇出去玩会儿吧。"

爱人答应了一声，便带着两个孩子走了出去。

我知道女儿是怕弟弟哭闹吵我才这样说，心里十分感动。没有了后顾之忧，想着女儿的好，我安然睡觉了，那一次睡得特别踏实。

此后，只要是我正在休息，小雪一般都不会打扰，如果必须到卧室去拿东西，也会踮着脚小心翼翼地进去，轻手轻脚地离开。

如果爱人想进卧室，她也会拦在外面，指手画脚地暗示我在睡觉，不让任何人进入卧室。

在女儿悉心维护的安静环境下，我的睡眠质量提高了许多，从中我切身体验到了与女儿谈心的好处。

感悟点滴

谈心、聊天，是双方的互动。父母与孩子谈心、聊天，应该像是朋友，听孩子说的同时，也应主动向孩子敞开心扉。这样孩子不但觉得自己受到尊重，同时因为了解父母，会变得更加懂事。

所以，父母在同孩子谈心、聊天时，不但要找对话题，注意倾听孩子的心里话，与此同时，也要把自己的心里话说给孩子听，这样才是真正的谈心、聊天，才能使彼此从中受益。

二、便条、视频

平常，父母和孩子沟通，基本上都是面对面的语言交流，有时候，在受局限、不方便或者不好说的情况下，也可以采取便条、书信、电话、邮件等渠道进行沟通。

在特殊的时候，这种方式，有时比直接交流的效果要好很多，尤其是父母与孩子有了隔阂，沟通不和谐时，父母可以采取留便条的方式。

记得有一次，朋友王云找到我，伤心地说："我因为偷看女儿的日记，被她发现了，女儿很生气，把日记本当场撕碎了。我看女儿这样，很后悔看了她的日记，并想给女儿解释自己这样做的原因。可是，每次我一张嘴，女儿站起身就走，根本就不听我说。现在，一个星期过去了，女儿一直都没理我。"

王云说着，眼泪流了出来。

我上前轻轻地拍着她的肩膀安慰，与此同时开始转动脑筋想主意。我知道王云看女儿小燕的日记虽然不对，但却是出于好心。而且看得出，她现在十分后悔。如果王云的女儿能明白妈妈这个心理，就不会再一直抱着怨恨心理。但是，要想让孩子知道，需要沟通。从王云的陈述中得知，面对面沟通根本无法进行，那么只有借助于其他渠道了。

想到这些，我对王云说："你别再伤心了，我给你出个主意，要想获得女儿的原谅，消除你们母女之间的隔阂，你需要孩子了解自己。面对面沟通孩子不听，可以采取写便条的方式，告诉小燕自己看日记的出发点，以及现在后悔的心情。如果孩子不了解，你还可以继续写便条，表达自己对女儿的关心等等。直到女儿心结解开了，愿意和你交流了，再停止写便条的行为。"

"这样做行吗？"王云有些犹豫地问。

"行不行，你试试才知道效果。"我鼓励她。最终，王云答应回去试一试。

一个星期之后，王云又找到我，她满面笑容地说："我按照你所说去做，每天都给女儿写一个便条。今天，她主动找到我，说那些纸条她都看到了，知道了我的心意，明白了我的关心，也原谅了我看日记的行为。"

"呵呵，那真是太好了！"我高兴地拍着手说，为她们母女的和好开心。

感悟点滴

> 父母在教育孩子的过程中，有时候在不经意间，就会出现欠妥当的方式，使亲子之间关系疏远。
>
> 出现了这种情况，父母若想再与孩子进行面对面的顺畅沟通很难。此时，父母可以采取写便条的方式，让孩子了解自己这样做的目的，并及时向孩子表达自己的歉意，表明对孩子的关心等。
>
> 通过这样的方式进行沟通，孩子从中了解到父母的良苦用心，就不会再斤斤计较以前的事，从而能够尽早和好如初。

一些父母与孩子沟通出了问题，抱怨说是因为忙，与孩子在一起的时间少导致的。

前天，我就接待了这样一个来访者。

她二十八九岁，高挑的个子，长头发，五官端正，长得很漂亮。

一进咨询室，她就急切地对我说："李老师，我儿子现在四岁，见到我像是陌生人一样，一句话也不说，甚至不会多看我一眼，我该怎么办才好呢？"

她说着，眼圈开始发红，眼泪就要流出。

"你平时是不是和孩子相处的时间比较少？"我问。

"是呀，由于工作比较忙，我就把孩子交给婆婆抚养。到了周末，我才会去婆婆那里看孩子，和儿子接触的时间比较少。"

"你的工作很重要吧？"我问她。

"重要，家里新用贷款买的房子，每个月都要还贷。爱人挣的钱，负责还房贷，我的工资，用做一家人的开销。"她理解了我的意思，这样回答。

"嗯，我知道了。如果工作不能丢，陪孩子的时间还是少，那就用别的渠道多和孩子进行沟通。"我建议说。

"李老师，你说打电话吗？"她问。

"打电话也可以，其他方式也行，只要能与孩子保持着联系就成。"

"我儿子才四岁，打电话时他有时根本就不知道接电话呢。"她痛苦地说。

"如果有条件，可以利用电脑网络给孩子进行视频。这样，孩子虽然不在你身边，你们却能彼此看到对方，进行对话，对于年龄小一些的孩子，这个效果比较好。"

"视频？这个，我还真没有想过。家里有这个条件，我和婆婆家都有电脑，又都连着网呢。以后，每天我就用这种视频聊天的方式，和孩子沟通了。"她脸上浮现笑容，高兴地说。

"不仅如此，在周末没事时，你和爱人尽可能地都陪伴着孩子，这样才可能逐渐缓和与孩子冷漠的亲情。回家试试效果如何，实在不行，再来找我，咱们一起再想想别的办法。"

她点头答应，谢过我离去。

我虽然这么说，但深信，如果她照我所说去做，一定会有很大的效果。

因为，我朋友陈颖是个大忙人，与孩子的关系却十分亲密，她用的就是这种方式。

陈颖，做的是公关销售这个职业，平时经常出差，而且工作内容比较多，这样，她与孩子相处的时间就少了。

和许多人一样，我也认为父母与孩子相处的时间少了，之间的沟通就往往会有问题，亲子关系也会受到影响，但我看到的情况并非如此。

一个周末，小宇说自己想要身运动服，我就带着儿子去商场，正在挑选衣服，就觉得肩膀被拍了一下，接着耳边响起一个熟悉的声音："给儿子买衣服呢？"

我转头看时，见是陈颖，高兴地转身拉着她的手说："你经常出差，咱们很长时间没见面了，一切都还好吧？"

"都好着呢。"陈颖回应着。随后朝一个正在看衣服的十来岁的男孩摆手说："小武，过来见阿姨。"

"阿姨好！"小武听话地走到了身边，礼貌地向我问好。

"陈阿姨好！"小宇见到这情景，没用我吩咐，也走上前问候陈颖。

"这是小宇吧，真懂事！"陈颖看着我儿子夸奖。

"呵呵，你儿子小武也不错呀，一看就是个好孩子。"我礼尚往来地赞扬陈颖的儿子。

她看了儿子一眼，笑着说："小武还算可以吧，成绩不错，与我也比较亲近。这不，我说出来买一些东西，他也非要跟着来。"

听她如此说，我好奇地小声问："陈颖，你经常出差，没有过多时间与孩子交流，他怎么那么亲近你呢？"

"呵呵，我和孩子相处的时间少，但沟通可一点都没有减少呀。"

"你是说，用别的渠道进行交流？"我问。

"是呀，有很多啦。当然，我采取的方式主要是视频聊天。每次出差时，我都带着笔记本，家里呢，也有电脑。忙完了手中的事情，我就打电话，和孩子约个时间视频聊天。这样，虽然我和孩子没有在一起，但比在一起也差不到哪里去。"陈颖兴奋地说。

"嗯，我明白了。"听了此话，我才恍然大悟，暗自佩服陈颖教子有方。

我们又聊了一会儿天，陈颖告辞，她的儿子上前拉着妈妈的手，两个人有说有笑地离开了。看着这对母子幸福的背影，我默默地祝福他们，能一直这样下去。

感悟点滴

> 父母和孩子关系是否和谐，沟通是否顺畅，相处时间的长短是个因素，而沟通的方式、质量有时会起到很大的作用。
>
> 如果父母经常出差，和孩子在一起的时间较少，父母可以根据自身的条件，采取写信、发邮件、视频等方式进行交流。
>
> 这样，父母虽然不在孩子身边，孩子也能觉察到自己受到了重视，感受到父母的关爱，沟通不会受到阻碍，父母与孩子关系不仅不会疏远，反而会走得很近。

三、运用表情、肢体语言交流

我比较喜欢孩子，而且平时爱笑，不仅自己的两个孩子愿意与我接近，就是其他陌生的孩子，多数对我也是比较亲近。别人都说我有亲和力，但具体原因却没有人指明，我也不太清楚。不过，有一个名叫甜甜的小女孩，却一下子道出了实情。

甜甜是我所在小区的一个女孩，今年三岁，她的爸爸做服装生意，而且效益不错，家人吃穿不愁。甜甜的妈妈，就专门在家带孩子，经常与甜甜出来遛弯，我们偶尔会碰见。

与她们娘儿俩结识，还是因为甜甜。

记的有一天，我下班回来，迎面碰到甜甜她们娘儿俩。我天生比较爱孩子，冲着甜甜微笑，没有想到，她竟然从妈妈怀里往外挣，伸出小手让我抱。

我只好伸出手抱着她玩了一会儿，从此算与她们相识。

也就是从这次开始，甜甜只要碰见我，总是黏着不让我走。每次，甜甜只要看见我，就张开双手让我抱，甚至她妈妈说要走的时候，甜甜都不愿意撒手，走时也显得恋恋不舍。

有一次，我从市场买完菜往家走，路上又碰到了甜甜和她妈妈。像往常一样，甜甜远远地看见我，就跑了过来。

我只好把菜暂时放在地上，抱着她亲了一下。旁边有个小伙伴喊甜甜，她便跑过去与那些孩子玩了起来。我和甜甜的妈妈聊了几句，小雪正好从外面回来，走到这儿，我便与女儿一起回家了。

甜甜与小伙伴玩了一会儿，回头没看到我，急得哇哇大哭。

她的妈妈心疼孩子，就带着女儿到了我家。打开门看到甜甜娘儿俩，我正诧异呢，甜甜一下子扑在了我的大腿上，嘴里喊着"阿姨"，抱着我的双腿不放手。

"我这个闺女，见你比见到我都亲，好像你才是她妈妈似的。"甜甜的妈妈看到这情景，有点酸溜溜地说。

"怎么会呢，甜甜和妈妈才最亲的呀！是不是？"我抱起甜甜问她。

"不，我和阿姨亲，阿姨喜欢我。"甜甜把小脸蛋深埋在我怀里说。

"你觉得妈妈不喜欢你吗？"甜甜妈妈责怪地问女儿。

"不喜欢！阿姨看见我就笑，你有时候笑有时候不笑。"甜甜抬起头看着妈妈说，讲完又把头埋在我怀里。

甜甜的妈妈听到这里，苦笑了一下，眼泪也顺着脸颊无声地流了下来，她转身轻轻地拭去。我想，甜甜的妈妈可能有些伤心，但同时她也应该高兴。因为她从女儿嘴中，知道了应该时刻微笑着面对孩子。

感悟点滴

> 三岁左右的婴幼儿说话，童言无忌，但却往往出自内心，是肺腑之言，最为可信，由此可知微笑的重大作用。
>
> 父母没能微笑着对待孩子，有可能在幼小孩子的心里，那就是不爱、不喜欢自己。
>
> 因此，不管父母生来是多么古板之人，面对孩子，一定要学会微笑，通过这种表情的交流，让孩子真切地感受到来自父母的关爱，孩子才能与父母亲近，亲子关系才能融洽起来。

我在女儿小雪四岁时，为了培养她独立的能力，再加上我怀着小宇不方便照顾女儿，就和爱人安排小雪单独睡在一个小卧室里，并向她说明了这样做的理由。

对于这样的安排，小雪虽然有些不情愿，但最终还是懂事地答应了，不过却给我提了一个要求："妈妈，我答应你，但你每天晚上送我睡觉时，一定要亲吻我一下才行。"

"没问题！"我爽快地答应了女儿，说完，还朝小雪的额头上亲了一下，她笑了。就这样，我每晚亲吻小雪，成了她睡觉的前奏曲。

有了此约定后不久的一天晚上，从吃过饭后我就发现，小雪就跟在我的身后，一刻也不离开，一直磨蹭到将近九点。

眼看就快要到睡觉的时间，我见小雪还在我身边晃悠，而且几次欲言又止，就问她："小雪，你是不是有事要跟妈妈说呀？"

小雪张了张嘴，想说什么，最终又闭上了嘴巴，摇头说没事，我就不再追问。

我带着小雪到卫生间洗漱好之后，就回到我的卧室，一边铺床一边对女儿说："小雪，你先回你的卧室，一会儿妈妈会过去。"

没想到她听后，不仅没有回自己卧室，反而凑到我身边，拉了拉我的衣服小声说："妈妈，今天我和你们一起睡大床，行吗？就这一次！"

"不行，你必须自己睡。"我担心答应了女儿第一次，她还会想着第二次，因此断然拒绝了女儿的要求，

小雪见我态度坚决，没有缓和的余地，就去客厅里求爸爸。爱人知道我怎么说都一定会那么做，所以也不敢应承女儿。小雪见没有希望了，就用哭闹来要挟，哼哼唧唧地流起了眼泪。

我不理她，到书房里拿起一本教育书看了起来，爱人也故作没看见。小雪见我们都无动于衷，知道再哭也没用，只好妥协，去书房找我说："妈妈，你送我去睡觉吧。"

见女儿不再坚持，我也就坡下驴，站起身拉着她的手进了女儿的卧室，把她安排好睡下，我就关上了灯，走出了小雪的卧室。

"妈妈。"我听小雪轻声叫我。

"睡吧。"说着话，我走了出去，关上卧室的门。我不是忘记了临睡觉前亲吻孩子的约定，也知道刚才小雪是在提醒我，但我没有像往常那样亲吻她，只是想给孩子一个小小的惩罚。

回到卧室之后，大概过了十来分钟，爱人已经睡着，我躺在床上想着小雪刚才的模样，有些心疼，辗转反侧难以入睡，索性起床去看女儿。

我悄悄地走下床，轻手轻脚地到了小雪的卧室，拉开了灯，却赫然发现女儿正在小声地哭泣，满脸都是眼泪。

我急忙凑到小雪面前，轻轻地亲吻了一下她的脸蛋。

"妈妈，你别生气了，我以后不这样了。"小雪见是我，一下子坐起身，抱着我说。

我的眼泪顿时倾泻而下，心像被揪了似的疼，哽咽着问女儿："宝贝，你一直都没睡着吗？"

"妈妈，没有你的吻别，我睡不着。"小雪委屈地说。

我坐在床上，抱起女儿，又在她额头上多亲了几下，以补偿刚才对女儿的亏欠。这样，小雪才算露出点笑脸。

这次事件之后，我默默地发誓：以后不管女儿多么淘气，亲吻孩子的约定，

都一定要遵循下去，绝不再拿此去惩罚孩子。

感悟点滴

孩子都有耍赖、顽皮等做错事的时候，父母生气对孩子进行批评、惩罚，理所应当，但千万不能拿孩子最在乎的亲情进行惩罚。

如果先前父母与孩子有亲昵的肢体交流，在孩子做错事时，绝对不能用这当作惩罚的武器，不再像往常那样亲吻或者拥抱孩子，这会使孩子倍感伤心，甚至觉得失望，不利于孩子健康地成长。

父母与孩子，由于天生的血缘关系，父母爱孩子，孩子也依恋父母，这在情理之中。可现实生活中，总有一些父母，因为不会与孩子交流、沟通，和孩子的关系不太融洽，亲情显得冷漠，我自己就亲身经历过。

虽然，我对两个孩子经常做出亲吻的举止，拥抱的行为，与孩子频繁地通过肢体进行交流，增加亲情，但是，我小时候，却很少体验到这种肢体间交流的温情，尤其是来自于父亲的这种关爱，少之又少。

小时候的我，看到别的孩子有父亲牵着手，就说不出地羡慕，更别提父亲亲吻或者拥抱了。我渴望着父亲这种关爱，但却说不出口，还莫名地从心底对他升起一种说不出的幽怨情绪，并有意与父亲疏远。

可是，后来发生的事情，使我再也不羡慕别人的父母，同时也开始亲近父亲。

记得那天，是我考上高中要去上学的时候。因为学校离家比较远，需要住校，妈妈提前给我打包好衣服、被褥，又把一些生活必需品给我装上。

第二天一早，由父亲送我去车站。

印象中，那是个比较阴沉的天气，父亲背着大包走在前面，我背着书包拿着小件物品走在后面。路上，父亲一直沉默不语，我想着自己去那么远的地方上学，一走就要一个月，父亲没有表示对我的留恋，竟然也不叮嘱上几句，心里越想越委屈，也懒得说话，还故意走得慢一些，和父亲拉开一段距离。

在这种心理的影响下，一路上，只听见"嗒、嗒"的脚步声，感觉路程十分漫长。

好不容易到了车站，远远地，我看公交车来了，转身到父亲身边去提东西。"闺女，别着急，一会儿你上车时，我把它给你递上去。"父亲拦住我说。

"好吧。"我情绪低落地答应着。

"闺女，你到那里要好好照顾自己，别舍不得吃穿，常给家里打电话，免得我和你妈妈牵挂。"父亲突然一把把我搂在怀里说。我惊讶的同时，又很激动。那一刹那，我的泪水倾泻而下，感觉无比幸福、温暖。

我哽咽着点头，答应一定不会让父母担心。从此以后，我与父亲的关系得到了一定程度的改善。至今，我往家里打电话的次数比较勤，想来应该也与父亲这一个拥抱有些关系。

感悟点滴

> 拥抱，看似一个简单的动作，却能抵得上千言万语。在孩子成功、失败时，在与孩子离别、相见时……父母给孩子一个拥抱，能瞬间拉近与孩子之间的距离，能大幅度地增进彼此之间的感情。
>
> 所以，父母不管是否善于使用表情与肢体与孩子进行交流，都要学着这样去做，最好使它成为一种习惯。每天都微笑着面对孩子，多给孩子一些拥抱和亲吻等，这些交流方式，都能有效地传达父母对孩子的关爱，能够温暖孩子敏感的心灵。

四、与孩子一起学习、游戏

前段时间，听说朋友赵海要到南方出差，我便让他回来时捎几斤好茶叶。他回来后，打电话让我去拿。周末的一天我便抽空去了他家。

我与赵海虽然是朋友，但关系并不算很深厚，平时来往不多，不过耳闻赵海比较贪图自己享乐，不怎么负责任，和儿子的关系不怎么好。因此，没进门，我就猜测着这父子俩会是怎么一种状态。

按照地址找到赵海家。门紧闭着，我抬手敲了几下，一个小男孩把门开了一条缝问："您找谁？"

"赵海家是在这里吗？"我猜测男孩应该是赵海的儿子。

"在家，进来吧。"小男孩打开门，在我进去后，把门关上，朝里面喊了一声："爸爸，有人找。"说完话，就坐在沙发上，聚精会神地看动画片，想来刚才他也应该正做此事。

"是谁呀？"赵海在里面问，但只闻声不见人。

我正要开口说话，赵海的儿子抬头看了我一眼回答："不认识，你出来看看不就知道了。"他话中带着点敌意，可想而知与父亲的关系并不怎么样。

虽然听到儿子这么说，赵海还是依然没出来。他在里面喊了声："稍微等一下，这就出去了。"

我当时听了，以为他正在做别的事，没有吭声。

过了好大一会儿，赵海这才磨磨蹭蹭地走了出来，看见是我，他热情地急忙沏茶拿水果。

"你干吗呢，在屋里这么半天才出来？"我问。

"嘿嘿，没做正事，打游戏呢。"赵海有些不好意思地说。

"你儿子在客厅里看电视，你在屋里打游戏，没有想过要陪他一起玩玩，或者带着孩子出去做一些有意义的事情吗？"因为我早就听说赵海对孩子不怎么负责任，再加上我是从事教育这个行业，所以看到这种情况，忍不住小声问，想劝说他一下。

"陪孩子玩？呵呵，你看我儿子，都八岁了，哪还用我陪着玩呀。我现在对孩子的态度是，只要他能吃能睡，无灾无病，我的责任就算尽到了。"赵海一脸不屑地说，声音还很高，他的儿子在附近也能听得到，还转头看了爸爸一下，眼神里充满着冷漠的神情。

见他如此顽固不化，我知道多说无用，急忙转移话题："去给我拿茶叶吧，我还有事要办，得赶快走。"

赵海有可能也着急打游戏，听我这样说，立即站起身，找出茶叶递给我，还故作客气地说："才来一会儿就要走呀，以后有时间常来玩吧。"

我答应着，拿着茶叶很快离开了。

感悟点滴

> 父母抚养孩子成长，保证他无病无恙，这是父母应尽的责任。多陪伴关心孩子，让孩子身心健康地快乐成长，也是父母的义务。
>
> 父母忙时，需要挤出时间陪孩子一起玩或者学习，不忙时，更要多陪伴孩子。这样不但可以增进亲情，与孩子能良好地沟通交流，而且从中还能够多了解孩子，进而更有效地引导和教育孩子。

我这个朋友，是一个特例，他贪图自己玩乐，不太关心孩子。所以，虽然与孩子沟通出了问题，亲子之间有了隔膜，但他并不在意。

但是，绝大多数的父母，都是比较关心孩子的，希望与孩子沟通顺畅，可是往往不得要领。

我经常听一些父母抱怨："孩子不理解我的苦心。我呢，想了解孩子，也走不到他心里。""我和孩子也是经常发生矛盾、冲突，有着很深的代沟。""唉！与孩子没有共同语言，沟通都成了一个难题。"

听到这些话，我完全能理解父母这种无奈的心理以及现存的状态，由于两代人成长的环境不同，受到的文化熏陶不一样，父母与孩子很多观点会不一致，没有共同的话题，这几乎是每个家庭都面临的普遍问题。

但是，不能因此就说自己和孩子无法沟通、没法互动了，这样讲有点牵强。事实上，要想了解孩子，与孩子顺畅沟通一点都不难，父母只要经常与孩子一起学习、游戏，就能很快达到目标。

上个月初，有一位男孩的父亲，找我咨询怎么与孩子沟通的问题。

他说："我的儿子现在刚读初一，他跟我说想学电脑。我知道孩子学校也有电脑课，觉得儿子多一些机会实践、操作，能够提高计算机的水平，因此没有任何犹豫我就给儿子买了一台。刚开始，见儿子一放学，就扎进自己屋里打开电脑操作，我心里还很开心。后来听人说现在的许多小孩子都会上网打游戏、聊天什么的，我开始有些担心，但又不好意思问。儿子呢，也是一天到晚的不吭声，我现在是看着孩子打开电脑就心慌，可却不知道该如何和他沟通。"

"呵呵，这个不难。你不会计算机吧？回家后，向儿子请教电脑方面的知识，与他一起学习。这样，你和儿子有了共同话题，而且也能知道孩子是把时间花在学习上还是聊天或者打游戏上了。"

他听了我的话，眼睛中立即闪现出一丝亮光，高兴地说："我是不会电脑，其实自己也早就想学。您说的这个办法太好了，一举多得，我回家后立即就实施。"

这位父亲听了我的建议，高高兴兴地离开了咨询室。

一转眼，将近两个月的时间已经过去。昨天，他给我打来电话，激动地说："老师，实在是太感谢你啦。我跟你说呀，现在，我会用WORD打字了，还知道怎么去查找资料和收发邮件了。当然，这是次要的。最主要的是，我和儿子之间，通过共同学习，话题多了，交流也变得通畅了。我没有刻意去打探，就知道了儿子把时间花在了学习电脑上，很少打游戏和聊天。我悬着的心呀，终于放下啦。"

听到这个好消息，我也很开心。

感悟点滴

父母和孩子之间，任何时候都离不开沟通。因为只有沟通，父母才能了解孩子，才能更有效地引导孩子朝着健康的方向成长。

而要想达到这个目的，父母和孩子一起学习，是一个有效的方式。这能够增加父母与孩子的共同语言，从而打开互动的通道，使沟通变得通畅，父母和孩子都会因此从中获益。

记得女儿小雪九岁、儿子小宇五岁那年的冬季，气温比往年这个时候都低，特别冷。一天吃过晚饭后，天空开始往下飘雪花。第二天早上，我在床上拉开窗帘，向外一看，一个雪白的世界呈现在眼前，不但地面上积累了厚厚的一层雪，连树枝上、房屋上都被雪笼罩着。

我知道小雪最喜欢看雪了，急忙跑到她屋里，摇醒女儿说："小雪，快醒醒，你看看外面的雪。"

女儿一听，一骨碌爬了起来，拉开窗帘一看，拍着手高兴地喊："好大的雪呀！真漂亮！太好了，今天又能出去好好玩一玩了。"说着话，她立即开始穿衣服。

儿子小宇这时也醒了，听姐姐说要出去玩雪，也吵嚷着跟着去。

两个孩子经不住洁白世界的诱惑，非要出去玩。我担心外面冷，怕冻着了孩子，所以犹豫着没有立即答应。

"妈妈，带我们出去玩吧，我和弟弟都不怕冷。"小雪看懂了我的心思，恳求说。

"姐姐说得对，我也不怕冷。"小宇也说。

"好，咱们现在立即准备早饭，吃过饭后，就出去玩雪。"见两个孩子如此执着，我不想扫了他们的兴，就答应了下来。

很快，我们吃完早饭，爱人出去办事了，我则带着两个孩子出去玩雪。小雪和小宇两人欢快得像两只小鸟，在雪地里蹦跳着、追逐着、嬉笑着。

我跟在后面看着两个孩子，忽然见小雪停下脚步，伸手接住一大片雪花，仔细地看着它，不由地赞叹说："太漂亮了！"她神情专注，喜悦之情溢于言表。

正在这时候，小宇突然扔过来一团雪，向我发动了"攻击"："妈妈，接住。"

我急忙弯腰躲闪，雪团从头上呼啸而过，我顺势低头，从地上抓起一把雪，朝小宇身上掷去。

他没想到我动作如此快，眼看躲不掉这一击，就直接伸开双手去接雪团，想利用它再迅速地还我一击。哪料到雪团是接住了，可是刚到他手里，就碎散开了，根本没法再回扔了。

遗憾的神情在小宇脸上一闪而过，他接着弯腰又去抓雪。我急忙向远处跑，途中抽空弯腰抓雪。不料儿子随后赶到，一个雪团打来，正好击中我。他开心地大笑，见我直起了腰，急忙转身就跑，我则在后面紧追不放……

"我来也！"小雪说着话，也加入了雪战的行列。就这样，我和两个孩子在雪地里，你追我赶地打了一个小时的雪仗，后来还堆了两个雪人。两个孩子玩得很高兴，而我也好像又回到了童年时候，别提有多开心了。

感悟点滴

> 这次与两个孩子一起玩雪的经历，让我深刻地体验到，全身心地陪孩子做他们喜欢的事，投入地与孩子一起玩，不仅孩子开心，自己也很快乐。
>
> 日后，这将成为自己和孩子一个美好的回忆。而且，在一起玩的过程中，亲子关系更加和谐，当然，父母与孩子的交流，也必然会变得更加通畅。这么好的事情，父母何乐而不为呢？
>
> 其实，父母与孩子一起学习、游戏，本身就能起到良好的沟通作用。孩子在与父母共同的学习、游戏中，通过不断地互动，孩子从中体验到了亲情，明白了父母的关爱，亲子关系就会和谐，而父母和孩子进行交流、沟通，也会因此变得通畅。

第四章
说话要有技巧

一、爱孩子，要大声说出来

一天下午，我从学校出来后，在路上碰见了同学王冰，她刚从学校接回女儿小玲。彼此寒暄了几句，我正要告辞，王冰拉住我说："咱们很长时间没见面了，好好聊一聊，上我家去吧，小玲她爸正好出差去了。"

见王冰力邀，我不好拒绝，就给爱人打了个电话，让他负责做晚饭，我不回家吃了。然后，随着王冰娘儿俩去了她家。

进了屋，小玲说："妈妈，晚饭给我做鸡胗子吃吧？"

"好的，闺女，你快去写作业吧。"王冰爽快地答应了小玲，同时安排女儿去写作业。小玲答应了一声，跑进了自己的卧室。

我便和王冰一起，开始动手准备晚饭。她从冰箱里拿出女儿爱吃的鸡胗子，让它先融化着。

正在这时，小玲提着溜冰鞋走进厨房说："妈妈，我想先下楼溜冰玩会儿，回来再写作业。"

"不行，写作业去。"王冰见女儿要去玩，生气地喊。

见妈妈不让玩，小玲嘟囔着转身走了出去。

"孩子想玩，你就先让她玩会儿吧。"我劝王冰。

"你是不知道，小玲这孩子太贪玩了，就这样管着，还不知道能不能管住她呢。对了，我去看看小玲现在做什么呢。"王冰说着，去了女儿的卧室。

不大一会儿，我就听到里面传出训斥的声音："不让你去溜冰，你就坐在这里发愣啊！不好好学习，吃东西还挑三拣四，你就等着吧，就你这么叫我生气，我让你等一辈子都吃不着鸡胗子！"

我急忙去看，正碰上王冰气呼呼地从女儿的房间里走出来，直接走进厨房，拿起那袋鸡胗子又扔进了冰箱。

见她这样做，我想上前劝，知道她在气头上，肯定不会听，只好作罢。

我想到小玲挨了妈妈的训斥，不知道怎么样了，便去看她。走进卧室，正看到小玲趴在桌子上哭泣。

"小玲，别哭了。"我拍着她的后背安慰。

"阿姨，我妈妈坏，爸爸回来我就告诉他！"小玲抽噎着对我说，眼神里充满了怨恨。

"小玲，别这样说，妈妈让你先学习，是希望你能有一个好成绩，是为了你好啊！"我说。

"她为我好，我怎么感觉不到，呜呜……"小玲说着，又哭开了。我又安慰了好大一会儿，她才止住眼泪。

此时，王冰已经做好饭，叫我出去吃。我便拉着小玲的手走了出去，她见桌子上真的没有鸡胗子，生气地朝妈妈看了一眼，眼泪又无声地流了下来。

王冰见女儿这样，虽然有些心疼，但同时她更加有气，也不管女儿，招呼着叫我吃。

那顿饭，看着这母女二人的样子，我吃得实在不舒心。不用想，王冰母女应该比我更难下咽。

感悟点滴

父母希望孩子能有一个美好的未来，为此要求孩子学习，阻拦孩子玩耍，这虽然是出于爱心，是为了孩子着想，但若采用的方式不当，孩子往往会把父母的好心当成了恶意，甚至因此对父母产生怨恨心理，结果适得其反。

父母爱孩子，就应该表达清楚，让孩子切实感受得到，才会有效果。

可是，一向比较含蓄的中国父母，虽然对孩子付出的爱最多，一心一意为孩子着想，甚至孩子生病时都愿意自己来代他受罪，但却羞于表达。做得出，却说不出口。结果孩子不领情，甚至表现出排斥的心理和行为。

由此，我想到了自己的父亲。他是一个农民，心地善良，为人耿直，平时沉默寡言，不善于表达，和我们姐妹的话也不多。小时候的我，比较憷父亲，和他在一起，不敢撒娇，心里总感觉与父亲有隔膜，觉得他不够爱我。

读高中的时候，我去了外地，离家几百里，平常若是没有事，只有到寒暑假才能回家。

记得有一次，我因为生活费没有了，回家拿钱，提前打电话让父亲去车站接我，见了他，我喊了声"爸"，没有太多的欣喜之情。

而父亲只说了句："闺女，回来啦。"接过我手里的包，转身往家的方向走去，依然像以前，没有太多的话。

我跟在父亲身后走，心里想着，父亲之所以来接我，可能不是出于爱，而是在尽一个做父亲的责任。

正行走间，父亲突然停了下来。我朝前看了一眼，因为头天夜里下了一场小雨，有一处洼地积了水，虽然不是很宽，但是也有几步远。

父亲看了看那处积水，又回头看了一下我的鞋，身子往下一蹲说："闺女，来，我背你过去。"

猛然间听到父亲说这话，我既激动，又有些难受，说实话，我怎么都没有想到父亲会这样，急忙摆着手说："不，不，爸爸，我自己走。"

"闺女，上来吧，别把鞋子弄湿了，凉！"

"不行，爸爸，您这么大年纪了，哪还能背动我了啊！"我往后退。

"没事，爸爸身子现在还硬朗！你看！"爸爸说着，站直身子，有意挺了挺后背，随后又蹲下去说："闺女，放心吧，爸爸还能背动你。快上来吧，你妈妈还在家里等着咱们吃饭呢！"

见父亲执意如此，我流着泪水小心地趴在了父亲的背上。

"闺女，扶好了？"

"嗯，好啦！"

父亲再次核实后，使劲儿起身，因为用力过猛，身体往右下倾斜了一下，脚步趔趄，但最终还是坚定地把我背了起来。

那段积水，虽然只有几步，但对我来说却是那样漫长，在父亲的背上，我更加清晰地看到了他花白的头发，也更加深刻地感受到父爱如山般的厚实。

就在父亲的背上，我暗自发誓，一定要努力学习，争取考一个好学校，将来赚更多的钱，不是为了自己，而是想为父母争光，为了给他们一个安逸幸福的晚年生活。

后来我确实努力进取，上了大学，有了不错的工作，收入也算可以。当然，对父母，我也是孝顺之至。这一切，主要是父亲爱的激励所致。

感悟点滴

> 父母都爱自己的孩子，这是无可非议的事实。但是，父母的爱，是否能让孩子全部感受得到，却很难下断言。
>
> 有很多父母，尤其是父亲，不善于向孩子表达自己的关爱之心。孩子感受不到爱，对父母就会产生误解，不利于孩子健康地成长。
>
> 父母爱孩子，就应该大声说出来，不管孩子有多大，父母都不要吝啬对他爱的表达。孩子在父母无私爱的陪伴和激励下，才能拥有一个有更美好的明天。

当然，父母爱孩子的心不仅在平时要在言行上表现出来，而且在孩子犯了错误的时候，也不要忘记了对孩子爱的表达。

孩子的心，敏感，又脆弱，任何时候都需要父母小心呵护。不管什么处境下，父母都不要忘记告诉孩子"我爱你"这三个字，并且要反复确认。只有如此，孩子才能切身感受到父母的爱，才会感觉到安全、幸福、快乐。

可是，许多父母却由于种种原因，忽略了此事。比如说，有些父母平时对孩子明白无误地表达出自己的爱，但某天因为与同事发生矛盾，情绪不佳，回家没和孩子说话，孩子可能就觉得，父母不再爱自己；有可能，夫妻两人因某事吵架，一时忽略了孩子，他也会感到，自己不再被父母所重视；也或许，孩子做错了事父母生气，故意不搭理孩子，敏感的孩子也会认为父母不再爱自己……

事实上，不管在任何情况下，父母只有表现出对孩子爱的言行，才能有效地促使孩子改变。

就拿我的儿子小宇来说吧，他读幼儿园期间，一直都是我和爱人给他收拾书包。

儿子开始读一年级了。我们觉得他大了，能自己准备学习用品了，应该学着自理，就教小宇收拾书包，告诉他什么需要带着，还让儿子自己背着书包上学。

小宇不知是有意不想整理，还是忘记了收拾，等到要送他上学时，书包总还是原样，最后因为时间紧迫，只有我或者爱人帮着弄。

有一次，为了让小宇自己收拾书包，还没有吃早饭前，爱人就提醒儿子，让他赶快去把书包整理好。

要吃早饭了，他又去看儿子把书包整理好没有，却发现小宇正在玩自己的小汽车，书包根本没有动。

爱人生气了，训斥儿子："你今天要是自己不整理书包，就别吃饭了，也不要去学校了！"说完，自己过来吃早饭。

小宇很少被这么严厉批评过，委屈地哭了，不过来吃饭，也不去收拾书包，只是一个劲儿地哭。

我觉得儿子也太淘气了，就没有理他，和爱人一起吃早饭。

饭后，我收拾完毕，看小宇还在哭，怕他上学迟到，就急忙给他整理书包。想到儿子没吃早饭，我还偷偷地拿了一个最大的苹果，以及小宇爱吃的一些零食，一并放到他的书包里。

送儿子去上学的路上，我见他停止了哭泣，情绪逐渐平息，就问："小宇，你觉得刚才爸爸让你收拾书包错了吗？其实，不仅是你爸爸，我对你今天的行为也很生气。以后，你要主动自己收拾书包，我们不仅不帮着收拾了，也不会再提醒。"小宇低着头听着，不吭声。

"肚子饿不饿？"我接着问儿子，他使劲点了点头。

"妈妈给你带了你最爱吃的零食，还拿了一个大苹果，饿了你就拿出来吃。"我的话刚落音，小宇就立刻从书包里拿出苹果，大口地啃了起来。

把儿子送到了学校，我正要离开，发现儿子十分感激地看了我一眼，才转身跑进了学校。

从此后，不用我和爱人催促，小宇开始自己整理书包。我觉得，促使儿子改变的原因应该有很多，但这次批评后我依然表现得像平时那样爱他，也在其中起了一定作用。

感悟点滴

> 许多父母，往往在孩子犯错时，严厉惩罚、大肆批评后，忽略了对孩子爱的表达。这样会使孩子感觉到失落，甚至以为父母不再爱自己而伤心。
>
> 孩子犯了错要惩罚，但父母要让孩子知道，自己对他的爱没有任何改变，这样孩子才会更加积极地去改变。
>
> 总之，父母要学会对孩子表达自己的爱，要让孩子时刻感受到自己的关爱，在爱的沐浴下，孩子才能身心健康地快乐成长。

二、批评也要做到顺耳

一天，吃过晚饭，我正在刷洗碗筷，小宇跑到我面前说："妈妈，咱们一会儿下楼健身去吧？"

"儿子想去，妈妈就陪你，一会儿也叫上你姐姐。"我说着话，加快了手里的动作。

小宇则高兴地跑出去，去叫姐姐了。

不大一会儿，小宇又跑到我身边："妈妈，姐姐正在看书呢，我没叫她。"

"这样啊，那不打扰你姐了，走，咱们俩这就去。"我此时已洗刷好碗筷，擦了一下手对儿子说。

接着我们就出门下楼，直奔小区的健身处。

小宇翻单杠，玩双杠，又接着去爬软梯，玩得十分高兴，我也在旁边做一些健身的动作。

"爬这么高，想摔死啊！还不快点儿下来！"正在此时，我听到训斥孩子的声音，急忙转头去看，见一个三十来岁的年轻女人，正把一个五六岁的小男孩从软梯上往下拽。小宇听到这话，好像被吓住了，停住手上的动作，盯着他们看。

"不，我还要上。"小男孩哭喊着、挣扎着还要往上爬。

"上这么高，你是不是真不想活啦！"妈妈一边说，一边死死地按住孩子，使他动弹不得。

男孩毕竟小，没有力气挣脱妈妈的手，可是他又不甘心，就用哭来表达自己的愤怒。

孩子撕心裂肺的哭声，引来了许多人的目光。他的妈妈感觉自己面子无光，拽着孩子的手往家的方向硬拖，嘴里还说着："这么不懂事，看我回去怎么收拾你。下次再想叫我带你出来玩，别想！"小男孩听到妈妈这样说，哭得声音更大，看样子更加伤心。

等这娘儿俩逐渐远去，小宇跑到我身边不解地问："妈妈，怎么那个小男孩的妈妈不爱自己的孩子呢？"

"儿子，你感觉她不爱自己的孩子？"我问此话的时候，心里在想，小宇不是当事人，就能从话中感觉到那位年轻母亲不爱自己的孩子，而他的儿子，肯定更会这样认为了，难怪他听到妈妈这话，哭得比刚才还伤心。

"是啊，要是爱的话，怎么那样说自己的儿子呢？"小宇不解地问。

"那位妈妈啊，肯定是爱自己的孩子的，只是说话的方式欠妥当！"我答道。小宇似懂非懂地点了点头，不再追问，而是走到我身边，拉起我的手，显得更加亲昵。我能感觉到，他此时肯定在暗自庆幸自己是我这样一位母亲的儿子。

感悟点滴

孩子小，好奇心强，看到什么都想玩，不可避免地会出现一些危险的举止。当这种情况在孩子身上发生的时候，父母可能一着急，就会说出一些难听的话，或者是有意恫吓，以为这样警惕孩子，能制止住他不良的行为。

实际情况却恰恰相反，孩子听到这种批评中带有恐吓的话，感觉到的只是父母不允许自己做事，不喜欢自己，伤心的同时，也不愿意配合父母。

父母教育孩子，言语要"顺耳"，这样孩子才愿意听，才能达到更好的教育效果。否则，父母见孩子哪儿表现不好，一味指责谩骂，说些有损孩子自尊的话，不仅起不到作用，相反有可能让孩子变得越来越差劲。

我们小区的王熙荣，就是这样一位母亲。儿子小峰成绩只是中等水平，王熙荣是恨铁不成钢。每次儿子考试分数下来，她会大骂儿子"笨蛋"、"没有一点儿出息"之类的话；不管和谁在一起，只要提起孩子的学习成绩，不管小峰在不在场，她都会说一些难听的话。

有一回，我带着儿子小宇出去，在小区门口，碰见了王熙荣，她刚好与儿子小峰一起回来。

"带着儿子出去啊？"

"是啊，去趟商场，给儿子买双鞋。"我看着她和儿子手里提着几个口袋，接着说，"你们也去商场了吧？"

"嗨！我也是给儿子买了几件衣服，但买得却不舒心啊！我儿子要像小宇的成绩那么好，给他买什么我都愿意！可是……"

"时间不早了，我们先走了，回头见。"我知道王熙荣又开始要损自己的孩子，急忙找借口告辞。

我知道王熙荣说这些话的意图，是想激起儿子的斗志，促使孩子努力学习。

可结果，她这些话不但使儿子反感，而且打击了孩子学习的积极性。久而久之，小峰放弃了努力，成绩是每况愈下。

因此，父母教育孩子，说话一定要注意方法和语气。想提高孩子的成绩，要阻止孩子做不良事，一定要心平气和地说明自己这样做的原因，孩子明白父母是为自己好，知道不能那样做的理由，才会听从。

记得有一次，我去商场购物。在往楼上去的时候，乘的是阶梯形电梯。在我的前面，是一对父子，男孩约莫五岁左右。他开始时按照父亲的吩咐，老实地扶着电梯，靠右站立。

还没有走几步，突然，小男孩嘴里喊着"冲啊"，随着电梯往上跑去，虽然那天电梯上人不多，但怎么站着的都有，小男孩这样跑十分危险。

"亮亮，别跑了，摔着了。"他的父亲急忙向上追，抓住他解释说。

这个叫亮亮的男孩还想玩，试图甩掉爸爸的手。

"亮亮，你朝上看看，再朝下瞧瞧，有人跑动没有？"男孩的爸爸想用实际情况解除儿子的抗拒。

孩子先朝上看了一下，又转头往下瞅了一眼，摇了摇头说："没有！"

"那是因为啊，在这电梯上面跑动危险，不小心就会碰着别人，或者伤了自己。让爸爸拉着你，让电梯驮着咱们往上走，好不好？"男孩的爸爸进一步劝儿子。

"好！"小男孩在听到爸爸这一番解释后，爽快地答应了。

我看在眼里，十分赞成这位父亲的做法。

感悟点滴

孩子成绩不好，父母想提高孩子的成绩；孩子喜欢玩耍，意识不到潜在的危险，父母要阻止孩子。

不管是想让孩子往好的方向转变，还是想去除孩子不良的行为，父母采取叱责、喝骂的方式，孩子要么充耳不闻，要么会变得退缩，总之，很难达到理想的教育效果。

实际上，父母无须发怒，只要心平气和地告诉孩子自己这样要求的原因，做到忠言顺耳，孩子反而能听进去，朝着父母所期望的方向转变。

"良药苦口利于病，忠言逆耳利于行。"这句古话历来人们一直传颂，曾经被人们认为是亘古不变的真理，但实际情况并非如此。

就拿我来说吧，在读小学时，有个最好的朋友小冉，每天我们两人一起去上学，放学后一起回家，到家后有时间也会互相串门，在一起玩，两人几乎是形影不离，十分要好。

可是，这样的友谊，却因为我一次说话没有顾及到她的感受，使两人的友谊走到了尽头，至今见了面，还不怎么说话。

事情的经过是这样的：小冉说话时，喜欢喷唾沫，经常会溅到人脸上或者身上。有几次，我看到她在与其他同学说话时，别人明显表现出厌恶的眼神，而且还有意站远躲避。

有一次，我实在忍不住，好心提醒她说："小冉，你说话时注意点，别张那么大嘴，要不唾沫星子溅到别人身上，会让人厌烦的！"

她听到我说这话，脸立刻沉了下来，瞪了我一眼，快走几步，不再理我。

知道朋友误解了我的好意，好多次，我试图想向她解释，但小冉却根本就不听。从此后，我们两个最好的朋友就形同陌路，一直到现在都是如此。

这件事情，给我的印象十分深刻。朋友之间需要注意，避免忠言逆耳、良药苦口。父母教育孩子也是如此。

无数事实证明，很多忠言不逆耳、良药不苦口，却同样能治病，而且效果相当好。当然，如果药确实是苦的，但人为地在药外面裹上一层糖衣，甜口的同时，也不会影响治病，有可能效果还会更好。

所以，家庭教育中，父母应该用委婉的方式来表达自己的意思，这样孩子才会更乐意听从。

记得女儿小雪四五岁时，特别喜欢画画，我大力支持，给女儿买回了画笔、本子。

可是，不知道什么原因，小雪并不是很喜欢在纸上画，却经常在地上、墙壁上涂鸦。我和爱人发现这种情况后，劝说女儿多次，但她当时答应得好好的，随后还是照旧，不知道是忘记了自己的承诺，还是根本就不愿意听从。后来我们甚至开始了批评，可是女儿却依旧如此。

无奈之下，我只好改变策略。

一次，我看到小雪又往墙上涂鸦，走上前仔细观看了一会儿，夸赞说："闺女，你看这只鸭子，画得活灵活现，像真的一样，太好啦！"

小雪见我如此喜欢，开心得手舞足蹈，提着笔往墙上还要画的同时，嘴里说着："妈妈，我再给你画个小鸡好吗？"

"小雪，妈妈觉得你画得这么好，万一咱们搬家，放到墙上也拿不走，太可惜了。以后啊，你都画在妈妈给你买的本子上，这样，我们不管搬到哪里去，咱们都能带着，以后妈妈什么时间想看，都能看到，你说这样好不好？"我轻轻地把女儿拉到面前说。

"好啊，好啊！"小雪挥着小手说。

"那去拿本子吧，把小鸡画在本子上。"我不失时机地说。

小雪欢快地去自己卧室拿本子去了。此后，我发现小雪乱画的现象明显减少了。虽然偶尔还会拿起笔在墙上画，但只要我稍加提醒，她立即去拿本子画。就这样，没用一个星期，小雪就彻底改掉了乱涂乱画的毛病。

感悟点滴

孩子不听话，不按照父母所说去做，这与父母经常使用忠言逆耳的话教育孩子有很大的关系。

父母若真想让孩子改掉不良的习惯，促使孩子变得更加优秀，就要用顺耳的忠言与孩子进行沟通，让孩子感受到父母的赏识、关爱，这样他才会心甘情愿地听从指挥，从而变得更为优秀。

三、不要唠叨、抱怨孩子

许多父母，在教育孩子时，往往采取独白、灌输的方式，不管孩子爱听不爱听，有没有听，只管自说自话，唠叨个没完。

结果，孩子要么捂住耳朵不听，要么听了，也是左耳进右耳出，一点儿都不起作用。

一个周日的下午，我见咨询室没人，想到很久没去老同学许艳家了，就关上门去找她。

还没进屋，就听许艳数落女儿小英："你出去玩，不要再把衣服弄脏了。这话我都对你说了无数遍了，不知道我每天工作很辛苦吗？还老给我增加负担，再不听话，弄脏的衣服你自己洗，听见没有？说话……"

我本来在这个时候不想进去，可是见她没完没了，于是不再等着，抬手敲了几下门。许艳开门见是我，急忙往屋里让。

小英冲我做了一个鬼脸，说了一句"阿姨好"，就跑出去玩了。

"听着，别把衣服再弄脏了，要不然你自己洗！听见了没有？这孩子……"许艳又追着女儿不停地叮嘱。

"呵呵，别说了，孩子已经走远啦！"我笑着打断了许艳。

"这孩子，就知道玩！"许艳嘟囔着，陪我坐在沙发上。

"你觉得刚才说的那些话，孩子听进去了没有？会起作用吗？"我问。

"开始的时候还能起点儿作用，后来时间长了，女儿好像就一点儿不在乎了。该怎么玩还照样那样去玩，即便嘴里答应着，还依然像往常那样做。"

"你的意思是说，小英这次出去玩，还会把衣服弄脏，是吗？"我进一步核实。

"那是肯定的！"许艳想也没想就回答。

"如果是这样，你刚才说那一大堆话又起什么作用呢？"我一针见血地问。

许艳听了，有些惊讶地看着我，愣了一小会儿说："嗨，我从来没有想过这个问题呢，就是感觉说出这些话心里舒服些，没想过它是否起作用！经你一提醒，我才恍然大悟。对呀，女儿不听，我说这些话干吗呢？"许艳拍了拍脑袋说。

"既然唠叨不起作用，还不如不说呢，这样孩子烦。更可怕的是，孩子习惯了不听从，以后你说的任何话，小英都可能会把它当成耳边风！你和女儿还怎么进行沟通？"

"有这么严重呀！"许艳听我这样说，张大了嘴巴，心有余悸地说，"那以后我真的要控制自己了，再也不去唠叨女儿了。"

我点头笑着说："不能只这样说，一定要去做。"许艳郑重地点头。我希望她以及天下类似的唠叨父母，都能意识到唠叨孩子的危害，并有意识地去改变。

感悟点滴

父母最初唠叨孩子，可能是想促使孩子把不良的习惯改正，毛病去除。但时间长了以后，有可能自己都没有意识到，唠叨、抱怨已经成了自己的一种习惯。这样与孩子沟通，没有重点，除了发泄自己的不良情绪，失去了任何意义，很难收到应有的效果。

因此，父母说话要有重点，而且尽量少说，避免因发泄情绪而唠叨。

这样不明智的举止，我也曾做过，只不过意识到不对，及时纠正了自己。

那是女儿小雪读六年级的时候，我像所有的父母那样，希望孩子能考一个好成绩，上一所好学校，因此经常盯着孩子，想督促着她时刻学习。

一个周日的中午，我从咨询室回到家做饭，一眼看到女儿正在看电视，就走到她面前说："小雪，你怎么还不知道抓紧时间学习？再这样下去，分数考低了，不能上重点初中，以后读重点高中，以及考大学的希望就渺茫了……"

我的话说了一大堆，可是小雪却只是看了我一眼，又转头看电视。见女儿这个反应，我推了她一下问："小雪，你还看呀，没听进去我的话吗？"

女儿急忙点头说："妈妈，我听进去了，记住了。"

"我刚才跟你说了什么呀？"我看女儿听时心不在焉，回答我时明显是应付了事，因此有意问她。

小雪低着头想了一会儿，然后抬头看了我一眼，摇了摇头。

见女儿这样，我十分生气，转身走进了厨房。

小雪见我真的生气了，随后跟着我到了厨房，嗫嚅着说："妈妈，我刚才没有认真听你的话是我不对。我不是不想听你说话，是因为学习了一上午，我累了，想看会儿电视休息一下，没想到你却在边上唠叨个……"

女儿说到这里，眼睛盯着我，没有再往下讲。但我已经明白了怎么回事，气也因此消了大半，转身笑着对小雪说："妈妈不该见你看电视就唠叨，应先多问问你，听听你的心声才对。既然学习了一上午，就去放松放松吧。"小雪听我这样说，立即露出笑容，脚步轻快地跑开了。

父母对孩子说话，目的是为了让孩子听进耳朵里，记在心里，付诸行动。若想达到这个效果，不能一直唠叨，要和孩子互动起来，了解孩子的心声，最终才会实现目的。

否则，父母只是对孩子发牢骚，没有效果还是次要，有时候甚至会起反作用。下面这个例子，就明确说明了这个道理。

一天，我出去买菜，正好碰见邻居张姐训斥女儿小勤："你看你，又考这点成绩，刚刚及格。你说你这个成绩，将来能考上大学吗？你再想想，对得起我吗？一年三百六十五天，我天天什么都给你准备着，又一天几趟地接你上下学，周末还给你报补习班。你说你，花那么多钱，又占用我那么多时间，甚至为了你，我都放弃了自己的工作，可是你竟然只考这么一点分……"

"别说了，你知道天天这样讲，给我的压力多大吗？你若是觉得自己付出的不值得，以后别再这样做好了，我又没有强求你！"小勤越听越生气，终于忍不住打断了妈妈的话。与此同时，委屈的泪水也顺颊而下。

看到这一幕，我心中的疑团终于解开了。小勤是我所代班级的一个学生，她聪明伶俐，学习也比较努力，以前成绩在前二十名之内，但不知道什么原因，她听课时精神有些恍惚，成绩也是每况愈下。

今天，看到张姐训斥小勤这一幕，我才明白是因为母亲过于唠叨孩子，给她过大的压力导致。

感悟点滴

父母可能会因为孩子成绩不好而心生抱怨，对他讲述自己的辛苦、付出，本意是要激励孩子上进。但唠叨过多，有可能会起到相反的作用，要么会让孩子压力增大，要么就会使他反感，这样做百害而无一利。

其实，父母根本无须唠叨，简洁明了地告诉孩子怎么做就可以了。

儿子小宇小时候，晚上到了睡觉的时间总往后拖，爱人为此事没少烦恼。

记得一天晚饭后，已经超过了九点，小宇还在客厅里兴致勃勃地玩着他的小汽车。

"小宇，去睡觉了，你现在怎么天天都让我催促着才去休息，烦了我就不管你了，让你妈妈揍你。"爱人走到儿子面前说。

儿子好像没有听见，依然在玩。

"小宇，爸爸再说一遍，快点儿放下玩具，去洗漱休息。你要是再不听话，我真的就去喊你妈妈了，她要是生气……"

我当时正在书房写作，听到此话，站起身走到客厅，对爱人及小宇说："现在已经是九点，到了规定该睡觉的时间，大家都按时休息吧。"

"好，咱们洗漱去吧。"爱人立即会意，与我一起往卫生间走去。我看到女儿小雪的卧室还亮着灯，知道她还在学习，就喊了声："小雪，到休息时间啦。"

"知道啦，妈妈，我这就准备睡觉。"小雪答应着。

小宇正玩得兴头十足，根本没有理会。

我和爱人很快洗漱好，小雪也去卫生间洗漱，经过客厅的时候，她见弟弟还在玩，就喊了一声："小宇，我们都休息啦，你别玩了。"

小宇看了一眼姐姐，接着继续玩。小雪知道我的用意，也不再管弟弟，洗漱好，就回到自己的卧室，关上了门。

我呢，和爱人进了卧室后，就开始铺床、关灯，与此同时，悄悄地听着客厅里的动静。

没到两分钟，就听见小宇往卫生间走去，随后就有水哗啦啦的响声。

爱人看了我一眼，悄声说："儿子正在洗漱。"我点头，仔细地听着。

紧接着，就听到小宇走出卫生间的声音，经过客厅的时候，还"啪"的一声，关掉了客厅里的灯，随后便走进了自己的卧室。

我和爱人隔着门缝看着他屋里的动静，很快卧室里便安静下来，灭了灯。爱人看了我一眼，小声说："你还真有一套啊，不用多说孩子就去做了。"

看着爱人羡慕的神情，我打趣地回了句："那是当然啦，否则能称得上是教育家吗？"

"好了，别给你阳光就灿烂啦！"爱人轻轻地捶了我一下。

我知道他嘴里虽然是如此说，心里还是挺佩服我的。

感悟点滴

　　父母不管让孩子做什么事情，告诉孩子怎么做，或者有其他需要与孩子进行沟通的事情，都应该直接明了，而不是唠叨个没完，这样孩子厌烦，父母的威信也会因为唠叨、抱怨过多而降低。

　　话不在多，而在精，父母教育孩子要多想少说，能一句话让孩子听明白的，就不要说两句。这样父母所说的话才有分量，在孩子心中才更容易建立威信，进而愿意听从，使沟通畅通无阻。

四、切忌采取命令的口气

周末的一天，我有事早早地出去了。小雪正写作业，小宇见姐姐的手机放在桌子上，便偷偷地拿出来，坐在客厅里玩手机里的游戏。

他一边打游戏，还一边呵呵笑，玩得不亦乐乎，坐在那里一个多小时都没有动弹。

爱人经过客厅的时候，看到儿子正在打游戏，他又朝女儿的房间看了看，见小雪正在认真地学习，就信步走到儿子面前说："把手机给我，学习去。"

小宇抬头看了爸爸一眼，没有吭声，继续玩游戏。

"还玩，你看看你姐姐，成绩比你好，还那么用功学习。你呢，成绩差还不知道努力！别玩了，手机给我。"爱人说着，伸手拿过小宇手里的手机。

"爸爸，把手机给我，玩完这一局我就去学习。"小宇边说，边伸手朝爸爸要。

"不行，是学习重要还是打游戏重要？现在就去学习。"爱人不容商量，拿着手机走进了书房。

小宇见没有了希望，沮丧地走进了自己的卧室。

我中午回家时，爱人出来看到我，自豪地小声说："看看，你不在家，咱们两个孩子都在学习呢！"说完此话，还朝小雪和小宇的房间看一眼向我示意。

女儿小雪无须问，她学习从来不用我们操心。但要说儿子小宇，此时乖乖地学习，我还真是有些好奇，也有点不相信："真的啊？"

"不信你去看看。"爱人怂恿我。

"小宇，妈妈回来了，能进去吗？"我还真不太相信，便到儿子房间一看究竟。

小宇起身给我开了门，叫了声"妈"，就转身回去躺在了床上。我朝桌子上看了一眼，发现书本很整齐，根本就没有学习过的痕迹。

"我听你爸说，你正在学习呢，就过来看看。怎么啦儿子？躺在床上，是身体哪里不舒服吗？"

"不是身体，是心理。"小宇没好气地说。

"跟妈妈说说，怎么回事，好吗？"我坐在床边上，温和地问儿子。

小宇把头抬起来，愤愤不平地说："我刚才正在打游戏，爸爸命令我学习。我告诉他把那一局打完就学，他伸手就把手机给我拿走了。妈妈，您说，我能不生气，我能学进去了吗？"

"你爸爸这样做，虽然方式欠妥当，但确实是为了你好啊！"我忙替爱人说话。

"我知道他是为我，但是用这样命令的方式，谁都不会心甘情愿地听从。妈妈，您想是吗？换作您，心里一样不会痛快！是不是？"

听到儿子小宇问，我立即点头说："儿子，妈妈理解你。以后咱们找机会跟你爸爸谈谈，让他改变一下方式，你啊，也别往心里去啦！看会儿书，妈妈给你做饭去，好不好？"

"好，妈妈，我这就去看书。"小宇心结被打开，又在我跟他商量的情况下，高兴地拿着书本看了起来。

发生在儿子身上这件事，让我想起自己小时候的很多事。其中有一件，我记得最清晰。

那是我读小学期间发生的一件事。周末的一天，爸爸在屋外用木头做凳子，完活后，他走到屋里，见妈妈正忙，就走到我面前说："去外面把那些碎木块打扫一下。"

说实话，爸爸以这种命令的口气叫我做事，我心里是真的反感。但是，我知道父亲是家长专制意识很强的人，又是大男子主义，喜欢指使命令人做事，我不好反抗，但也不情愿，就想着应付了事，起身拿起笤帚，胡乱地扫了几下子，又走进了屋。

爸爸看到后，很生气，说我扫地就像没扫一样，敷衍他，又接着叫我去打扫。

这次，我心里更加不高兴了，嘟囔着走出去，拿起笤帚胡乱地在地面上呼啦。妈妈看见了，怕我这样做的结果又会惹父亲不高兴，急忙走到我面前说："启慧，你去学习，我来打扫。"

我趁机放手走回屋里，但再也没有心思学习。

类似的事情很多，前段时间，我接到一个男孩的电话。

他说："老师，我父母总是向别人抱怨，讲孩子大了，管不了了，说什么都不听。每当我听到这样的话，心里都很难受。其实，我并不是不想听父母的话。"

"呵呵，那也就是说，你还是没有听父母的话了？"我笑着问。

男孩沉默了一会儿说："是，但却是父母总是命令我造成的。他们很霸道，说什么就让我听什么。而我说什么，他们却根本不在意。您说，在这种情况下，我哪能会心甘情愿听他们的安排呀！"

"我能理解你这种心理，总是被父母命令，感觉到自己没有价值，尊严也因此受损，才有了抵触的情绪，不愿意按照父母所说去做，是吗？"

"老师，您说得太对了，我就是这种感觉。有时候，我真想逃离这个家，不想再忍受他们的命令、指使。"

听他说出这样的话，我急忙劝说："你是个男子汉，遇到了问题，应该想着解决，而不是逃避，对吗？不喜欢父母命令自己，可以向他们坦白地说明，而不能采取离家出走这种极端的方式。"

"说，就怕他们根本听不进去。"男孩提高了嗓音。

"如果你信任我，由我出面与你父母沟通这个问题，你看行不？"我担心男孩真的要离家出走，想到了这个办法。

"老师，由您出面，那真是太好了。我想，我父母一定会听您的话的。"男孩开心地说。

后来，在男孩的安排下，我和他的妈妈见了一面，谈了很长时间。我跟她讲述了发生在儿子身上以及我自身经历这种事的感受，同时劝她以后尽量别再用命令的口气指使孩子，还善意地提醒她，儿子现在因为这种情况，产生了离家出走的念头等等。

她听了很吃惊，答应不再以命令的口气指使孩子。

后来，男孩又给我打来电话，说父母已经有了很大的转变，不再经常命令自己，有时候还主动询问他的想法、意见，说自己在家中比以前感觉惬意多了。

感悟点滴

> 父母要孩子做事情，不管是孩子自己的事，还是需要孩子帮忙，都要尽可能地采用商量的口气和孩子说话。这样进行沟通，孩子感觉自己受到了尊重，心里就会高兴，因此也乐意听从。
>
> 父母不要以为孩子是自己所生，由自己所养，认为命令孩子做什么是天经地义的事，如此做只会使孩子反感，即便不得不答应，可能也是阳奉阴违，甚至有时候，还会当面故意作对。

有一次，我和爱人，受邀去了他的战友王军峰家。

他把我们让进屋里坐下后，摸遍衣兜找烟，掏出来后却发现只剩下了一根。他就朝正在客厅看动画的儿子喊："小山，下楼给爸爸买盒烟去。"

小山头也不抬地说："不去。"

我急忙朝爱人使了一个眼神，他会意，立即站起身对王军峰说："别让孩子去买了，我现在啊，已经很少抽烟啦。"

王军峰觉得孩子当着我们的面，没有按照他的命令去做，有失做父亲的威信，十分气愤。他几步走到电视前，伸手关掉电视，站到儿子面前问："小山，你到底去买不去买？"

"不去，说不去我就是不去。"小山与父亲较上劲，站起身，瞪着爸爸大声说。

看到这种剑拔弩张的架势，爱人跑上前，准备把王军峰拉开，阻止事态的发展。但是，他还是晚了一步，随着"啪"的一声响亮的耳光，小山的脸上立即起了五个红手印。

小山用手捂住疼痛的脸，没有哭，抬着头，双眼怒视着父亲。

王军峰见儿子不服，还伸手要打，爱人硬把他拉到沙发上，小山则转身伤心地跑到了自己的房间，"砰"的一声关上了房门。

看到这一幕，我心里很不是滋味，正想劝王军峰以后不能这样对待儿子，他已经先开了口："我家这崽子，就是欠揍了，越大越不听话！"

"不是孩子大了不听话啦，是因为孩子大了不愿意被人命令着做事。如果你换作商量的口气让孩子帮一下忙，我想小山即便不想去，也不会直接拒绝。你说是不是？不要把错都归结到孩子身上，先审查一下自己的言行是否有欠妥当之处。"我觉得不直接明说，王军峰依然认识不到自己的错误，就不再客气。

他听了我这话，看了看我爱人，又看了我一眼，没有吭声。爱人回头看了我一眼，神情中有责怪之意，担心我因为说话太直接得罪了他的战友。

我装作没看见，又说了一大堆道理，讲他不该当着外人打孩子等等。见王军峰没有听进去，而且好像还不高兴，我拉着爱人起身告辞。

过了几天，王军峰打电话给我爱人说："杨凯，你爱人说得对，我不该命令孩子，更不应该当着你们打孩子。到现在，小山都还不和我说话呢。你知道我脾气不好，给你爱人解释一下，不要让她生气。以后啊，我还要向她讨教如何正确教育孩子呢。"

我在旁边听着，虽然当时对王军峰的行为不赞成，但还是愿意抽空去帮助他一下。

感悟点滴

孩子随着年龄的增长，独立意识开始增强，不愿意听到被命令的话，这十分正常。作为父母，应该理解孩子这种心理，要孩子帮忙做什么事，学着用商量的口吻，孩子若是不愿意，也不要强求。

有些父母认为自己命令孩子做事理所当然，而孩子一旦不按照自己的要求去做就生气，甚至当着外人去打孩子，这不但会使事态朝着更糟糕的方向发展，还不利于对孩子今后进行教育，这是最不可取的方式，父母千万避免如此。

五、避免否定、嘲讽孩子

我女儿小雪四五岁的时候，小宇才一岁左右，我带孩子比较忙，就由爱人主要负责接送女儿上下学，并教她认字、写字。

一天，爱人把女儿接回家，掏出纸笔，让女儿把前几天学的"天、日、月、水"四个字各写两行。嘱咐了之后，他就去厨房做饭去了。我呢，抱着小宇出去玩了。

不知道因为什么，女儿那次写字时有些心不在焉，所以字写得七扭八歪，十分难看。

爱人饭做好了，就去检查小雪的作业，发现她写的字十分潦草，就很生气，抖动着本子说："小雪，你看看今天自己写的字，再翻开前天、昨天写的字对比一下，那两天写的都比今天写的这字强。别人都是越做越好，你可倒好，是越来越退步。猪学了这么长时间，画的都会比你写得好！"

这话伤了小雪的自尊，她的眼泪当时就无声地流了出来。幼小的女儿当时怎么也想不通，爸爸怎么能拿自己与猪相比呢，而且还把自己说得不如一头猪。

这件事情发生的时候，我还没有回去，所以一点儿都不知情。

吃晚饭的时候，小雪心情很糟糕，一直保持着沉默，吃得也十分少，并且吃过饭丢下筷子就回卧室了。

见小雪情绪不佳，我问爱人："杨凯，小雪怎么了？"

"没事，别搭理她。"爱人的气还没有消。我知道再问他也没有结果，就把小宇放在他怀里，急忙走进小雪的卧室。

此时，小雪正坐在床上默默地流泪。我走过去，坐下来，把女儿抱到自己怀里问："小雪，怎么了？"

听我如此问，小雪一下子扑在我怀里放声大哭起来，过了好大一会儿，她才抽噎着把因为自己字没写好，爸爸生气了，拿猪与自己相比的事说了一遍。

我担心女儿忌恨爸爸，忙解释说："小雪，你不要怪爸爸，他是因为恨铁不成钢，才指责你，别再难过了好吗？"小雪轻轻地点了一下头。

想到女儿平时字都写得不错，今天写得如此差，肯定有什么事情，因此我问小雪："女儿，你以前写字都很认真、工整，今天没写好，是不是因为什么事情受到了影响？"

"今天，小林和我争桌子，我们俩吵了起来。因为心情不好，我不想写字，爸爸又非让写，才没有写好。"小雪讲出了没写好字的原因。

知道了事情真相以后，我安抚小雪睡下，去找爱人谈心，告诉他女儿没有心思写字的原因，责怪他嘲讽孩子，这样做起不到一点教育作用，还会使孩子伤心。

爱人意识到了自己的错误，低着头没有反驳我。我希望他能接受这个教训，以后不管遇到什么情况，都不要再嘲讽孩子。

感悟点滴

> 孩子有时候不听话，做事不认真，或者有其他缺点毛病，父母看到后，会很生气，迫切希望孩子能够尽快改正，但往往因为不理智，说出一些伤害孩子的言语，甚至还拿动物与孩子相比进行嘲讽。
>
> 父母这样做，不仅没有起到好作用，还阻碍了与孩子的沟通，大大伤害了孩子的自尊。

还有些父母，因为嘲讽孩子成了习惯，即便发现孩子有好的表现，不自觉中也会说出嘲讽的语言。

那年教师节，学校发了一些物品，我因为有事没去，同事王梅帮我捎到了她家，打电话叫我去拿。

下午办完事之后，我就直接去了王梅家里，她执意留我吃饭，好意难却，我只得从命，和她一起准备晚饭。

她的女儿小艳，则拿出所有玩具，兴高采烈地在客厅里玩。

快做好饭时，我对王梅说："我去叫小艳收拾一下玩具，咱们好开饭。"

她答应了一声，我便走出了厨房，意外地发现小艳已经把所有的玩具都摆放在了原处，好像没有动过一样。而小艳正站在那里笑吟吟地看着我，好像等待着什么。

这与小艳以往的行为大不相同，平时，她总是把玩具弄得哪里都是，王梅让她收拾，小艳有时还不愿意，有意磨蹭，甚至需要妈妈动手帮着整理。

我正要夸赞小艳，王梅走出厨房，看到玩具整齐地摆在一起，惊讶地问："这么快就收拾好啦？"

"我刚才出来时，小艳就已经把玩具收拾好了。"我强调说，目的是提醒王梅，让她夸赞女儿几句。

"呵呵，小艳，今天太阳不是从西面出来了吧？"王梅笑着问女儿。

小艳本来笑吟吟地等待着我们的夸奖，没想到妈妈突然说出这句话，她立即拉下了脸，走进了卧室。

我急忙走到王梅身边，责怪她说："孩子不收拾玩具，你说她不听话，收拾玩具了，你不仅不夸奖，还进行嘲讽，要是谁，都会不高兴。"

王梅也觉得自己的话说得有些过分，但却不知道如何劝说女儿，我便附耳授意她如何去做。

王梅点头答应，接着就走进了女儿的卧室向小艳道歉说："小艳，今天在没有吃饭之前，你就主动收起玩具，而且放得这么整齐，应该表扬。妈妈只是当时感觉太惊讶了，才那样说，妈妈错了，以后再也不说那样的话了。不过，能告诉妈妈吗？今天为什么突然之间就知道主动收拾玩具啦？"

小艳听了妈妈的道歉，这才向她解释说："今天上课时，老师给我们发玩具，并说好孩子玩了以后，应该把玩具收拾整齐，不能弄得满地都是。我就按照老师所说的去做了，老师还表扬了我呢。我就想回家也这样做，本来想听您的夸奖呢，没有想到……"

说到这里，小艳的眼泪几乎就要流了出来。

王梅急忙接过话说："你明天还这样做，妈妈肯定会表扬。"

"真的？"小艳歪着头问。

王梅点点头，小艳这才绽开笑颜，搂着她的脖子说："妈妈，我以后一直都会这样做。"

我在门外看到这一幕，走进来说："好了，走，开饭啦！"

小艳站起身，高兴地喊着"吃饭了"，跑向了客厅。我和王梅，看孩子开心了，相视而笑。

感悟点滴

孩子一向表现不佳，可能有某一天因为某事突然间表现好了，不良的行为不见了，父母感觉惊奇的同时，心里有可能也会犯嘀咕，感觉一切不正常，甚至因为习惯无意识中就脱口而出一句嘲讽孩子的语言，虽然父母说者无心，却在不知不觉中就伤了孩子。

因此，父母应该时刻注意，不管在什么情况下，都要避免对孩子说出嘲笑、否定的话语，也不能做出类似的表情，因为这样做只会打击孩子的上进心，给孩子不良的暗示，不起一点积极作用。

事实上，许多父母都在不经意间做着类似之事，我的爱人也是如此。

记得女儿小雪七岁左右的时候，有一次，我和爱人带着两个孩子去郊外玩。在一个水塘边，我发现了一只蟾蜍，就招手叫小雪过来看，想让女儿亲眼看看。因为以前，女儿只是在图片上看见过，并没有见过真的蟾蜍。

小雪走上前，一眼瞅见蟾蜍，惊叫着向后退了几步，拉着爸爸的衣服不撒手。

爱人笑着对小雪说："你就是个胆小的孩子。"

他希望女儿能够胆大，但却脱口而出了这样的话。

我想让小雪走上前，仔细观察蟾蜍，然后再告诉她一些蛤蟆的习性，让女儿知道它是庄稼的朋友，减轻她对蟾蜍的恐惧。可是，小雪受到爱人否定语言的暗示，怎么叫都不再上前，嘴里还说着"我胆小"。

此后，不管在什么地方遇到了蛤蟆，她都会惊叫着后退，甚至看到书上蛤蟆的图片，也会害怕得闭上眼睛。

我想，如果没有爱人那句"小雪胆小"的话，女儿虽然害怕，也不至于如此恐惧。

我知道，要想去除小雪对蛤蟆的恐惧心理，促使她变得胆大起来，需要一些时日，更需要用正确的方式，否则，孩子有可能对蛤蟆更加恐惧。

由此可知，父母对孩子持否定的态度有多么大的不良影响，甚至有可能使孩子变得自暴自弃。

可是，生活中类似的事却有很多。

前几天，有一个男孩来找我，见了面就开始哭着诉说："李老师，我不是个好孩子！在去年暑假里，偶尔去网吧，学会了上网，而且迷恋上了聊天。每天若是不上网，就像百爪挠心，心里就痒痒地难受。爸爸知道我上网后，开始时劝我，并百般对我阻挠。可是，他越是这样，我越是想上。"

男孩说到这里，不安地看了我一眼，接着说："我这样做，不是有意与爸爸对着干，实在是因为网络的吸引力太大了，一天到晚就想着与网友聊天。不过，每次上完网，我就很后悔，想着不再去，但却难以控制。那时候，我希望爸爸能够继续坚持阻拦我，或者想想别的办法，帮助我戒除网瘾。"

说到这里，男孩又朝我看了一眼。我点点头，表示对他的理解。

男孩便接着说："可是，爸爸对我好像寒了心，有一次他又见我去上网，就说：'我看你是无可救药了，以后不会再管你了。'听了这样的话，我觉得前途一片暗淡，从此后更加疯狂地上网，甚至是彻夜不归。"

男孩讲到此，放声哭泣。过了好大一会儿，才哽咽着继续说："我虽然不是个好孩子，也不是个十足的坏孩子，只是一时比较贪恋上网而已。也想着悔改，可是爸爸却对我不理不睬……"

说着，男孩又大声哭了起来，无助地看着我。

我安慰了男孩一番，同时也知道了他来找我的目的。思考了一下，我问他："你有决心改正吗？"男孩使劲点头。

我便要了男孩父亲的电话，约他出来。我先告诉这位父亲他儿子来找我的事，并说明孩子有悔改之意，又劝他不管在任何时候，都不能全盘否定孩子，更不能放弃，应该尝试着多肯定和鼓励孩子，这样孩子才会得到有效的改变。

男孩的爸爸开始听时有些抵触的情绪，后来他接受了我的建议，答应还会像以前一样担负起责任，对孩子会多鼓励、少否定。我希望，男孩在父母正确的教育方式下，网瘾能早日戒除。

感悟点滴

父母希望孩子自信、胆大、意志坚强，但很多时候，父母可能都没有觉察到，自己说出的话与心里想的却不一致，往往会不经意间正话反说，动不动就否定孩子。

而孩子，又容易受父母的暗示，结果父母无意间否定孩子，孩子有可能真的就朝那个方向转变。

因此，不管孩子表现得怎么差，父母都要避免嘲讽、否定孩子。只有得到父母的肯定、鼓励，孩子才会心身愉悦，有话愿意向父母说，亲子关系才会因此变得和谐。与此同时，孩子才会努力改进，去除缺点，变得优秀。

六、别揭孩子的短处、伤疤

一天课间休息的时候，同学杨强给我打来电话，说儿子小洋想小宇了，让我抽空带着孩子去他家玩。

那个周六，吃过早饭，我就带着儿子去了杨强家。

两个孩子见了面，十分开心，小洋拿出所有的玩具给小宇玩。

我和杨强，一边看电视，一边聊天。当时的电视里正在放舞蹈节目，小宇看到了，得意地对小洋说："我还会舞蹈呢。"

"你会跳舞，真的吗？跳给我看看。"小洋不相信地说。

小宇便站起身，扭起了身子，跳得有模有样。

"呵呵，你给小宇报了舞蹈班？"杨强也看到了小宇跳舞，这样问我。

"没有，可能是小雪学了跳舞，在家练习时，小宇跟着学会了一点儿。"我解释说。

"没有专门学习，能跳成这个样子，真不错了。"杨强说着，开始鼓掌。

小洋也跟着使劲拍手，鼓掌时间最长久。小宇有点不好意思了，脸立即红了起来，同时停下了动作，因为跳舞比较累，他坐在沙发上休息。

小洋抽出一条湿纸巾递给小宇，讨好地说："累了吧，擦擦汗。"

看着他这样，我对杨强说："你家小子有企图。"

他笑着站起身，从冰箱里拿出四根冰激凌，一个人分了一根，然后坐在沙发上问我："我没看出来，你说有什么企图？"

"呵呵，肯定看着小宇跳舞好看，也想让小宇教他。"我笑着小声说。

"不可能吧？"杨强看了儿子一眼，不相信地说。他的话刚落音，就听小洋说："小宇，你能教我跳舞吗？"

我朝杨强挤了一下眼睛说："看看，还是我的火眼金睛厉害，一眼就看出了孩子的小心思。"

杨强苦笑着说："就我儿子那身板，能学跳舞？"

我还没有答话，就听那边小宇对小洋说："我也不会，这是跟姐姐学的。你要真喜欢跳舞，就报个舞蹈班学习吧。"

小洋听了，立即走到杨强身边说："爸爸，您给我报个舞蹈班吧，我想学习跳舞。"

见儿子真的要学跳舞，杨强从头到脚把儿子打量了一遍说："你先别提跳舞的事，现在去照一下镜子。就你这矮粗的身材，跳舞不让人笑掉大牙才怪呢！"

小洋本来满怀期待的表情，立即僵在了脸上，冰激凌放在嘴里，也不动了。

我没想到杨强竟然揭孩子的短，急忙把他拉到另一间房里，责怪说："哪有你这么说孩子的？你要是觉得孩子不是学跳舞的料，可以委婉地讲，在别人面前这样揭孩子的短，会伤孩子自尊，使他受打击的。"杨强听我说得有理，不再吭声。

事实上，我说的是实情。杨强这句话一出口不当紧，从此后小洋再也没有提过要学跳舞的事。可能这次爸爸在别人面前揭自己的短，永远会成为他心中的一道伤疤，到了什么时间都不会忘记。

感悟点滴

> 孩子有可能天生的容貌与禀赋，不适合做一些事情，做的话，也很难出成绩。父母对此清楚，孩子未必心明，甚至因为喜欢而提出要学习或者做的要求。
>
> 面对孩子类似的要求，父母应该委婉地引导，在不伤孩子自尊的情况下把他的兴趣合理迁移，挪到孩子擅长的方面去。
>
> 此时，父母如果用嘲笑孩子这些不足之处，来拒绝孩子的要求，会打击孩子的信心，甚至会伤害孩子一辈子。即便父母不是有意揭孩子的短处，是无意间说出，孩子依然会受到伤害。

我本人，就曾经亲身体验过。

我现在当上了教师，还做了咨询师。但是，英语成绩却不是很好，而且一直是我心中的隐痛。这一方面，与我不擅长学英语有一定的关系，另一方面，也是因为受到了打击，对英语有排斥心理。

提起受到的这次打击，虽然已经过去了二十来年，但现在想起来，心里还很不是滋味。

那是我初一时发生的一件事。

有一次，表叔到我家去，当时看父母正在忙，我就给他沏好茶，还把烟放到他面前。

表叔夸奖我懂事。

爸爸这时候走了过来，接过话说："懂事管什么用呀，成绩好，才让我省心。"

"听说孩子的成绩不是一直都不错的吗？"表叔诧异地问。

"小学时还可以，现在上初中了，刚接触英语，学得挺费劲。"爸爸叹着气说。

"孩子这么聪明，即便新接触，也很快能入门的，你不用担心。"表叔安慰我爸爸。

"唉，你可不知道情况，她前几天考试，英语才得了十二分。"爸爸见我没在身边，小声对表叔说。

我当时就在里屋，他们的对话听得一清二楚。虽然我知道，爸爸是话赶话说到了那里，并不是有意揭我的短，但是，我当时眼泪还是倾泻而下，十分怨恨爸爸。

本来，英语考了十二分，我就万分难过。虽然那是因为我眼睛近视，看不清楚黑板上的字母、单词，第一次考试才如此差。但这次英语考十二分的事，却成了一道伤疤，自己不愿意想，也不希望任何人提起。

父亲与表叔说起后，我心里怨恨他，同时对英语，也莫名地反感。虽然，后来我配了近视眼镜，能看见了黑板上的内容，但是，英语成绩依然不好，虽有所提高，但与其他科目相比，拉了一大截子。

时至今天，我对英语还是有些抵触的情绪，这与小时候爸爸揭我伤疤受到打击肯定有一定的关系。

感悟点滴

孩子曾经的失败，不但当时会给孩子带去不愉快，还会成为一道伤疤，不管任何时候，被人提及都会给孩子心理造成伤害。

父母应该了解孩子的这种心理，不去有意提起，也不无意触及。与此同时，还应该对孩子这些天生的缺陷，或者后天遇到的失败、挫折，持接纳的态度，并教孩子正确面对，只有如此，才会使孩子变得自信、快乐。

我所住的小区里，有一个天生口吃的女孩，名叫小嫣，读小学五年级，与小宇在同一个班。

一般来说，身有明显缺陷的孩子，会受到别人的嘲笑，这个小嫣也不例外。我听小宇回家说，有一次老师找她回答问题，小嫣回答得结结巴巴，下面就有同学跟着学呢。由此可知，小嫣因为这个口吃的缺陷，没少使她受到别人的嘲笑。

我本来以为，这样的孩子会自卑、沮丧，但小嫣，却很阳光。

有一天，我下班回家，在路上正好碰见小嫣和她的妈妈。

小嫣紧走几步，主动上前先和我打招呼："阿、阿姨好！"

我笑着上前摸了摸她的头发说："小嫣也好。"她用微笑回应我。

"小嫣的妈妈这时候也跟了上来，向我问候。我答应着，和她聊着天，并排慢慢往前走。

"妈妈，你、你和阿姨聊，我、我先回家啦。"小嫣朝妈妈说，可能要着急回家做作业。

"好的，你先走吧。"听妈妈这样说，小嫣笑着点了一下头，加快了脚步，往家走去。

"我听小宇说，小嫣不仅心态好，而且成绩优良，在班里考试一直没有下过前三名，真是个优秀的孩子。"

小嫣的妈妈听我这样说，她脸上流露出幸福的笑容。接着，又陷入沉思，深深地叹了一口气说："孩子现在这样，我十分满足。但是，为了使她达到这种状态，你可不知道，我费了多少劲，操了多大的心。自从我和爱人发现女儿口吃后，怕她长大后被人嘲笑，就耐心地训练，坚持了很长时间，可效果却一直不明显。"她说到这里停顿了下来。

"如果孩子是天生的结巴，听说训练效果也不是很理想。"我附和着说。

"是呀，眼见没有效果，我和爱人只好接受这个事实。可是，你不知道，随着孩子慢慢长大，经常因为说话结巴，受到伙伴的嘲笑、戏弄，哭着跑回家，我的心是什么样，就像油煎一般。"

说到这里，她的眼圈发红，低下了头。

我轻轻地拍了拍她的肩膀，安慰她说："最艰难的时候都已经过去了，你看现在的小嫣，不仅快乐，而且学习好，谁见谁夸奖，多少父母都羡慕呀。"

听我说这话，小嫣的妈妈抬起头说："是呀，我们算是熬过来了。自从发现孩子口吃的毛病改不了，我和爱人就积极接纳它。不但一如既往地爱孩子，同时有意忽略孩子口吃的缺点，并开始有针对性地培养女儿的优势。现在看来，效果还算不错。"

说到此处，小嫣的妈妈露出自豪的神情。

感悟点滴

孩子先天的缺陷，不管后天如何努力训练，有些都无法改变。这时候，父母要包容、接纳孩子，时刻让孩子感受到，无论自己处于什么样的境况，父母都深爱着自己。

与此同时，父母还应该教孩子正视自己的缺陷，并有意识地培养孩子的优势。这样，孩子在父母的关爱、引导下，能感觉到温暖，也不会因为缺陷自卑，再加上有优势所在，孩子才能快乐、自信地成长。

总而言之，面对孩子的缺陷、短处，父母不要去揭孩子的伤疤，同时还应该引导孩子正确去认识这些不足之处，以便帮助孩子健康快乐地生活下去。

第五章
听话要讲究艺术

一、巧妙打开孩子的嘴

前几天，有位母亲向我求助，说自己与读初三的儿子之间有很深的代沟，根本没办法沟通，也不知道儿子成天心里想的是什么，问有什么办法能打开孩子的嘴，让他愿意与自己交流。

听到这话，我想可能因为这位母亲平时只关注孩子的学习成绩，才导致这样的结果，为此我问："你平时和孩子说话，都会讲哪些内容？"

"唉！我儿子除了要钱时主动找我说话，其他时候，基本上都不会先和我说，都需要我问。而我呢，最关心的事情，也就是儿子的成绩了，所以问他话时，一般也都是以这为主题。"

这位母亲的话，证实了我的猜测。但她这样做，不要说是孩子，就是成人，也一样会心烦，当然不可能会有顺畅的沟通，因此我建议她说："你呀，以后别再问儿子考试了没有，成绩怎么样呀之类的事了。"

"那，我该怎么问？再说了，不问这类话题，孩子又不会主动说，怎么才能知道他的成绩呀？"

"你多问孩子有什么事情，过得是否开心，有什么想法或者感受等之类的孩子感兴趣以及开放性的话题，这样孩子才愿意与你交谈。有了这个良好沟通的前提，你再想了解孩子的成绩，当然也不会困难了。问时孩子会痛快地说，甚至不需要你问，孩子有可能就会主动给你讲呢。"

"如果能有这样的结果那就太好了，我也不希望天天和儿子没话说，回去之后我就开始这么做！"这位母亲接受了我建议。

我深信，如果她真的能按照我所说去做，一定会有良好的效果。

父母要想与孩子能够顺畅的沟通，不仅平时需要注意从孩子的喜好方面巧妙地问，而且在孩子犯错了时候，不能用批评式的责问，批评式的责问容易让孩子形成逆反心理，增加沟通的难度，这样的事例我亲眼见过。

一天，我去同学王冰家，她的女儿小玲从外面回来，神情紧张地说："妈妈，对不起！我把钢笔弄丢了。"

"你这孩子，就是不长脑子，怎么能会把钢笔弄丢了呢，还得花钱买，我看你就是个败家子。"小玲听着这话，本来有些愧疚的表情逐渐消失，取而代之是冷冷的眼神。

王冰批评过后，又责问孩子："你给我好好说说，钢笔是怎么丢的？丢在了哪里？"

小玲本来是想告诉妈妈，怎么把钢笔弄丢了，但听到妈妈这样问自己，打消了要说的念头，抬腿走进了自己的卧室。

王冰生气地指着女儿的背影说："你看看这孩子，把钢笔弄丢了，问她还不愿意说！"

"孩子不开口，依我看呀，你也有原因。"我直截了当地说。

"有我的原因？我没有听错吧？"王冰侧着头，把耳朵对着我问。

"没听错，确实如此。"我强调说。

"我看得很清楚，孩子刚回来时，就是想把整个事情都告诉你。但你如此责问，孩子心里难受不说，同时也会产生抵触的情绪，当然就不愿意跟你说了。追究根源，问题还是在你身上。"

王冰听后，想想也有点道理，不再反驳我。

感悟点滴

父母想了解孩子，需要巧妙地问，只有问对了，孩子才会有兴趣说。而在孩子做了错事时，父母也要尽量避免以批评的口气进行责问，否则，孩子很可能会因为产生逆反的情绪不愿意交流，致使沟通受阻。

除此之外，父母在发现孩子心情不好时，应该及时关切地追问，并且要有耐心，让孩子感受到自己的关心，从而顺利地打开孩子的嘴，引导他说出发生的事情。

这样，父母才能了解孩子，并及时解开孩子的心结，从而避免不良的事件发生。

儿子小宇六岁时，有一天，他出去玩后，回到家神情沮丧，连招呼都没有打，就直接去了自己的卧室。我觉察出他的情绪不对，就跟了进去，见小宇正坐在床上发愣。

"儿子，今天遇到了什么不高兴的事吗？"我上前挨着儿子坐下，扳着他的肩膀温柔地问。

小宇抬头看了我一眼，咬着嘴唇没有吭声。

这使我十分担心，一般有什么事情，我只要一问，小宇就会把事情的前后经过讲给我听。这一次他没有反应，我心里有些焦急，但却没有逼迫着问，而是安慰他说："儿子，你要知道，不管发生了什么事情，我和你爸爸，都会一直爱着你，并保护着你！"

小宇轻声"嗯"了一下，但并没有开口的意思。看到他这样，我没有继续再问。

吃过晚饭后，我朝爱人使了一个眼色，两个人同时来到小宇的房间。小宇躺在床上，默默地想着心事，爱人上前扶起儿子，把他抱在自己的怀里，我则抚摸着儿子的头说："小宇，现在心情还没有好些吗？你知道，若是你心情不好，爸爸和妈妈今夜也睡不好觉呀，也会一直担心我们的宝贝儿子。"

"是呀，是呀，有什么不愉快，告诉爸爸、妈妈吧，让我们来与你分担。"

小宇听到这里，再也忍不住，"哇"的一声大哭了起来。

我拍着他安慰说："好了儿子，没有什么大不了的事。就是有，也有我和你爸扛着呢，没事。"

这时候，小宇才啜泣着说："今天我放学时走在路上，一个坏小子打我了，还说不让我告诉父母，说要是大人知道了，下次会狠揍我。"说完，小宇又放声大哭，我能感觉到他心中的恐惧。

爱人给儿子擦着眼泪，同时安慰道："小宇，不用担心，爸爸不管那个坏小子是谁，有多么厉害，爸爸都会保护你。明天，爸爸就带着你去找那个坏小子算账，让他知道知道爸爸的厉害。"小宇听爸爸这样说，这才停止了哭泣。

第二天，爱人便带着小宇去找了那个坏小子。发现这个孩子与小宇应该差不多大，只是长得高一些、胖一点，小宇不是他的对手而已。

爱人就问了他昨天的事情，并威胁他说以后再打小宇，一定会狠狠地揍他。说完，还装模作样地对着他举起了拳头，那个小男孩吓得慌忙跑走了。

小宇看到他狼狈的样子，开心地哈哈大笑。此后，那个男孩再也不敢打小宇了，儿子又变得快乐起来。

我当时心里在想，若不是我和爱人及时发现孩子的情绪不对，而且正确追问，儿子有可能因为受到威胁，一直都不会主动说，当然恐惧的情绪便会一直笼罩着他。那样会严重影响到孩子的身心健康，现在想来，都暗自庆幸。

感悟点滴

> 有时候，孩子有些心事不会对父母说，有可能是因为被逼迫，或者对父母失去了信任等导致。
>
> 但不管因为什么，父母若是发现孩子情绪消极，或者行为异常之时，都要尽量想办法接近孩子，巧妙地打开孩子的嘴，让他把心中的烦恼倾诉出来，进而引导孩子走出阴郁心理，使孩子尽快开心起来。

发生在儿子身上的这件小事，让我想到了在报纸上看到的一件令人痛心的大事。

有一个刚上初二就在学校寄宿的女孩，在将近毕业时与班里一个男生谈起了恋爱，并偷尝了禁果，导致怀孕。

女孩开始不知情，后来发现每月的例假没有按时来，她才知道自己怀孕了，一时惊慌失措。女孩找到男孩，告诉他这件事情，问该怎么办。男孩听后震惊的同时，更是不知道该如何是好，索性不再理女孩。

看到男孩知道自己怀孕后这个态度，女孩心里是又气又恨，她背负着这样一个沉重的包袱，一直郁郁寡欢。

从知道怀孕起，女孩每次周末回家，都是沉默寡言，很难有一个笑脸。后来，回家的次数也变得更加少了。

她的父母没有发现女儿的变化，也没有过问。女孩因为这件事情不光彩，也不敢向父母说。就这样在煎熬中过了九个月，女孩在厕所生下了一名男婴，孩子用哭声宣告着自己来到了这个世界上，但却给他的妈妈带去了巨大的恐惧。

女孩怕被人听到发现，忙用衣服捂压婴儿的嘴，结果孩子因为窒息而死。看到不再出声的婴儿，女孩终于嘴角上扬，浮现出久违的笑容，以为自己终于卸掉了沉重的包袱，可以好好地松口气了。

她把已经没有呼吸的孩子用衣服裹着，扔到了垃圾桶里，又擦了擦身上的血迹，以为这样就了结了此事。

哪料到保洁员打扫卫生时，发现已经死去的婴儿，并上报了此事。很快，学校就查出了是女孩做的这件事。

最终，女孩因为扼杀自己的孩子，受到法律的制裁。

在接受宣判的那天，女孩万分后悔，哭着说自己不懂事，请法官给予轻判。在下面旁听的父母，见女儿落到这步田地，哭得昏天黑地。

后来，有记者采访女孩的父母，问他们："你家女孩怀孕十个月，几乎每周都回去，后来虽然一个月才回家一趟，但肚子一天比一天大起来，难道你们就没有发现吗？"

女孩的妈妈抹着眼泪回答："闺女总穿着宽松的衣服，她这么小，我也根本就没有想到会发生这样的事情，所以根本没有注意。不过，闺女心情不好，我却早就有所察觉，每次看到她，总感觉她心事重重。我当时想着孩子大了，有了心事也很正常，所以就没有追问。哪曾想到，会发生这样的事呀。要是早知道，我带女儿到医院把孩子做掉，也不会……"

说到这里，女孩的母亲再也讲不下去了，又开始号啕大哭。一边哭一边说自己万分后悔，没有及时问女儿发生了什么事。但事已至此，不管怎么做，都不可能再挽回。

感悟点滴

有时候，孩子因为一些特殊的原因，有些事情不敢主动向父母说，而父母也没有发现，或者没有巧妙提问，孩子有可能就不会说，并受此困扰，一直情绪不佳下去，这样影响身心健康是小事，甚至有可能影响孩子一辈子。

因此，父母应该平时多注意观察孩子，不管孩子多大，只要看到孩子情绪不对，一定要巧妙地追问，孩子才会痛快地道出实情。有了良好的沟通，父母很容易就会知道事情的真相，才可能帮助孩子更好地解决碰到的难题。

二、耐心倾听，莫打断孩子

一次，我去一所初中开展教育讲座，有很多父母与孩子参加，向我咨询各式各样的问题，我一一作了解答。

其中，我对一位三十来岁的年轻母亲印象十分深刻，她是找我咨询的最后一位家长，烫着很短的卷发，高高的颧骨，目光犀利，向我请教孩子不爱同自己讲话的问题。她声音大、语速快，一开口就有种压人的气势，因此我对这样一位咨询的家长，不需要记都进了心里。

给她讲了应该如何做之后，我正准备离开学校。一个长头发的女孩怯生生地走到我面前，小声说："老师，我能和您谈谈吗？刚才找您咨询的人是我妈妈，当时我就在旁边，她的话我都听见了。"

我点点头，指着凳子让女孩坐下来，慢慢说。

"李老师，刚才妈妈讲我现在不愿意和她说话，我当时就想反驳她，但顾及到妈妈的面子，所以就没有上前说话。"

我点头，表示对她这样做的赞许。女孩接着讲下去："我妈说我现在不爱与她说话，她讲的虽然是事实，但这只是个结果，原因却在她身上。妈妈以前总是打断我说话，不能耐心地把我的话听完，后来我才不愿意搭理她。"

"原来是这样呀，你能给我举个例子吗？"

女孩点点头，接着就说出了下面这件事：

有一次，我们学校里举行绘画比赛，我画的竹子获得了二等奖，老师奖励我一个很好看的笔记本。放学后，我撒腿就往家里跑，想把这个好消息尽早告诉妈妈。

当时，妈妈正在洗衣服，我走到她面前，掏出笔记本，兴奋地说："妈妈，我的画获奖了，还是个二等奖呢，老师表扬了我，还发……"

"好了，我知道了。"没等我说完，妈妈就打断了我的话。看着手里举起的笔记本，我的喜悦之情一下子全都被冲走了，随之而来的就是伤心。

那天晚上，我哭了很长时间，觉得妈妈一点都不重视我。后来又有几次类似的情况，我就再也不想与妈妈说话了，有什么情况，也不愿意对她说了。

女孩向我说出了这些话，心里轻松了许多。站起身，弯腰朝我鞠了一躬说："李老师，我妈妈要有您一半的耐心听我说话，我也就知足了。"

"你妈妈会改变的，刚才我已经建议她要耐心倾听孩子说话。你呢，也应该给妈妈一个机会，向她敞开心扉。"女孩点头答应。

我想，这对母女如果能够照我所说去做，两人之间的沟通应该会很快有所转机。

父母觉察到孩子不爱说话了，不要只考虑问题出在了孩子身上。应该首先回忆一下，在日常与孩子的对话中，是否耐心地听孩子把话说完，是不是有随便打断孩子说话的行为。若是这样的话，很可能孩子就是因为父母如此回应自己才变得沉默了。

感悟点滴

一旦孩子对父母失望了，变得寡言少语，父母再想让孩子开口，就会事倍功半，需要花费更多的时间与精力，即使这样，有可能也难以抚平留在孩子心中的伤痕。

我在教育自己的孩子时，也曾经犯过类似的错误。

记得小雪六岁时，有一天爱人把她从幼儿园接回家后，女儿进门没看见我，一边问着"妈妈呢？"一边满屋子地找。

当时儿子小宇刚睡下一会儿，我趁此机会，看昨天新买回的一本书，正沉浸在其中的时候，小雪走进书房，摇晃着我的胳膊说："妈妈，我告诉你一件有趣的事。"

"什么事呀？"我不耐烦地问。

"今天，老师表扬了我……"小雪兴致勃勃地说。

"好了，妈妈知道啦！去玩吧。"我眼睛盯着书本，敷衍着女儿。

"妈妈，我还没有讲完呢！你听我说。"小雪摇晃着我的胳膊。

"去给爸爸说吧，妈妈正在看书，不要打扰。"我头也不抬地说，心里还有些烦。

"妈妈，我不给爸爸讲，就给你说。你不听，就别想着看书。"小雪说着话，伸手拿掉我手中的书，放在了背后。

"你这孩子，怎么越来越不懂事了，快把书给我。"我一把抓住女儿，把她拉到身边，从她背后的手上夺下书。

"妈妈，你……哇……"小雪见我真的不听她讲述了，想说什么没有说出来，伤心地大哭了起来。

见女儿情绪不好，我也没有心情看书了，急忙把书本放到桌子上，把女儿搂入怀里，轻拍着她安慰："好了，宝贝，别哭了，妈妈不看书了，现在听你讲，好不好？"

小雪听了没有反应，还是一个劲地哭。

我哄了好大一会儿，女儿才抽噎着逐渐停止哭泣，但却不愿意对我再讲她刚才所说的事。

我知道女儿心里还是渴望把事情对我讲的，只是因为刚才我没耐心听伤了她的心才如此，因此引诱她说："小雪，你刚才给妈妈讲老师表扬了你，是因为什么表扬你呀？"小雪低着头不吭声。

我没有放弃，继续说："妈妈猜，是不是你认真听课，老师才夸奖你呀？"小雪听了摇头，又低下头没有了反应。

"那么，妈妈猜肯定是你作业做得工整才得到表扬吧？"小雪盯着我看了一会儿，又摇了摇头，小声说："老师找两个学生到黑板上默写字，我都写对了，另外一个同学错了两个，老师因为这个表扬了我。"小雪平静地叙述着，完全没有了开始时的兴奋心情。讲完后，就黯然地离开了我。

看着女儿背影，我心里一阵发酸，后悔刚开始没有耐心地听孩子说话，并暗下决心，以后不管自己正在忙什么事情，都要耐心地听孩子把话说完。

感悟点滴

有了喜悦、苦恼之事，就向父母倾诉，这是孩子共有的天性。父母认真听，不但能满足孩子说话的欲望，还能够了解孩子内心的需求，从而有的放矢地引导和教育孩子，并且能够增强你与子女之间的亲情。

如果父母经常打断孩子说话，不仅会伤孩子的自尊，打击孩子的信心，还会逐渐疏远彼此的关系，对孩子的身心健康成长极其不利。

有了上次的经历，我就开始时刻注意，避免再出现类似的事。

记得儿子小宇三岁时，有一天，我下班刚到家，就见他在厨房拽着爱人的裤腿，哭丧着脸说："爸爸，你去看一下，刚才小亮把我的飞机……"

爱人正在忙着做饭，一会儿洗菜，一会儿切菜，虽然听见儿子说飞机摔坏了，但他哪里有心思去听、去看，就弯腰掰开儿子的手说："撒手，没看见爸爸正在忙着做饭吗？"

小宇无奈之下放了手，但心里却很难过，他眼里含着泪花，转身走出了厨房。看到我，他只嘴角撇了撇，似乎要哭出来，但因为有刚才被爸爸冷落的经历，所以并没上前告诉我飞机摔坏的事，而是默默地走到客厅里，捡起已经折了一翼的飞机，心疼地看着。

我悄悄走过去，蹲下身子，拉着儿子的小手说："小宇，飞机坏了？刚才妈妈在门口听你说，是刚才与小亮玩时他弄坏的？"

"是的，妈妈。以后，我再也不想和小亮玩了。"

"飞机被人弄坏了，心里肯定会难过，妈妈能理解你的心理。但是，既然坏了，也不能因为这一件小事，就丢了一个好伙伴，你说是吗？"

小宇见有了我的共鸣，心情好多了，点头同意我的说法。

"拿过来，妈妈看看能不能修好。修好的话，你就再玩一段时间。如果修不好了，妈妈就再给你买一个新的，好不好？"我要过儿子手里的飞机说。

小宇听了，脸上立即露出了笑容，他点了一下头，上前一把抱住我的脖子说："妈妈，您真好！"

我笑着拍了拍儿子的后背说："小宇，咱们找胶布来修飞机吧。"

小宇这才撒手，我找来透明胶布，把掉了的机翼与机身粘在一起。儿子专注地看我把飞机修好后，又一次扑到我怀里说："妈妈，您真好！我爱您。"

我亲了亲儿子的小脸蛋说："妈妈一样也爱你。"

此时，想到了刚才儿子找爸爸诉说飞机坏了时的一幕，为了不使孩子对爸爸心存不满，我又及时加了一句："其实，爸爸也是一样爱你。"

正在这时，爱人端着菜出来了，见小宇拿着飞机，就问他："小宇，飞机修好啦？"

小宇低着头，"嗯"了一声。

看儿子对爱人依然怀着敌意，我忙解释说："刚才你去找爸爸，因为他正忙着做饭，才没有顾得上听你说飞机坏了的事。我相信，他没事的时候，一定会像我一样，不但听你说，还会帮你修的。"

小宇刚听我说完，把头扭向了一边。过了一会儿，他想了想，才轻轻地点了一下头。看得出，我的话虽然在其中起了一定的作用，但并没有完全消除儿子心中的阴影。

我希望，以后爱人无论多忙，在孩子向他诉说事情时，都能停下手中的活儿，来倾听一下孩子的心声，及时安抚孩子不良的情绪。

感悟点滴

孩子心爱的玩具被小伙伴摔坏了，或者碰到了什么糟糕的事情，心情肯定不好，孩子告诉父母这些烦恼，就是想得到安抚。

如果父母因为忙而拒绝了孩子，就如雪上加霜，孩子就会更加受伤，感觉父母不关心自己，自己不被父母重视，这样孩子很难从消极情绪里走出来，而且容易形成自卑的心理。

所以，当孩子找父母诉说，尤其是诉说那些令孩子伤心的事时，父母无论此时多忙，都应该停下来认真倾听孩子的诉说，这样不但能有一个良好的沟通，还能及时抚慰孩子受伤的心灵，使他尽快开心起来。

三、要多听少说

周末的一天，同事王梅带着女儿小艳出来玩，经过我的咨询室时，当时正好没有别人，她就带着孩子走了进来，同我聊天。

刚聊了几句，小艳走上来说："妈妈、阿姨，我给你们讲个故事吧？"

"好呀，阿姨最爱听故事了，小艳，快讲吧。"我笑着表示赞同她这个建议。

"从前呀，有一个丑小鸭，别的小鸭子都嫌弃它……"

"呵呵，又讲《丑小鸭》的故事啦，是不是后来它变成了白天鹅呀？这个我和你阿姨都知道，你都讲了无数遍啦，让谁听了不烦呀？别讲了，换一个。"王梅打断了女儿。

我注意到，小艳听完妈妈这番话，脸腾地红了起来，不安地用双手搓着衣服，小声说："那，我讲《白雪公主和小矮人》吧？"小艳看着妈妈问。

王梅还要说话，我怕她还没听又要说，就急忙拉了拉她的衣袖，怕她不明白我要表达的意思，随后就说："好，小艳，就讲《白雪公主和小矮人》的故事吧，阿姨最喜欢听啦。"

小艳这才开口，不过声音与兴致都低了很多："从前，有一个国王，他有一个女儿，长得很白，又十分漂亮，人们都称她是白雪公主。白雪公主的后妈，十分恶毒……"

"错了错了，你中间漏掉了剧情，白雪公主的妈妈死后，国王才又娶了一个后房，也就是新王后，她长得漂亮，而且精通巫术。"王梅纠正女儿说。

小艳红着脸，接过妈妈所说往下讲："白雪公主的后妈精通巫术，而且还有一面奇特的镜子，她痛恨白雪公主比自己漂亮，就想除掉……"

"闺女呀，你记性怎么这么差呀，又漏掉了一个关键性的内容。你怎么没有讲那个镜子的作用呀，没有它，那个恶毒的新王后怎么知道最漂亮的人是白雪公主呢，当然也就没有了派人去害她的剧情了。好了，接着往下讲吧。"

"我这讲得不对，那讲得不好，你讲吧。"小艳生气地用眼睛瞪着妈妈说。

王梅赌气似的回敬女儿："你这孩子，我好心提醒你，还落个不是了。不讲就不讲吧，本来讲的……"

"天不早了，咱们回去吧。"我知道她后面的话更加不好听，急忙打断她，转移了话题。

"好，一起走。"王梅说着，帮我拿着东西，一起出了门。

路上，小艳一句话也不说，一直气鼓鼓地走在前面。

我在后面，用手指了一下小艳对王梅说："你刚才可真做得不对了，难怪孩子生气呀。"

"我哪里不对了，是小艳讲错了，我只是提醒她而已。"

"你的提醒，也太多了吧。你回忆一下，是孩子讲故事，可她才说了几句，而你又讲了多少句,比孩子说的话要多很多。你这样做,会伤她的自尊,换作是谁都会不高兴,何况是很小的孩子呢。"

王梅听我说的有些道理,不再吭声。

我觉得,小艳经过这次打击,肯定对讲故事失去了兴趣,有什么事情也不愿意向妈妈说了。王梅再想和女儿顺畅地沟通,怕是需要一段时间用心修复。

我接触过许多有关这样的案例,父母如此做,多多少少都会有不良的结果。

前段时间,就有一位母亲,因为类似的事找到我,她一看见我就焦虑地说:"我儿子现在读高一,在学校寄宿。他每周回家后,话都特别少。我们关心孩子,就主动问他各方面的事情,儿子好像不怎么愿意说,总是敷衍我们。我和爱人十分担心孩子,想了解他的情况,可却没有办法撬开孩子的嘴,真让人忧心呀!"

"你儿子是不是天生内向?以前是什么样的,也是像现在总是沉默吗?"我问。

"我儿子不是内向的孩子,记得他小时候,特别爱说,在外面玩或者上学时遇到了什么事情,回到家就会缠着我说个没完。他不但讲自己,还讲同学之间发生的趣事、回答问题时闹出的笑话等等。我那时候还嫌儿子天天说个没完烦人,而且都是无关紧要的小事,我不想听,就经常训斥他,有时候,批评儿子的话甚至比他说的都多。现在呢,想让儿子说话,他却不开口了。唉!"这位母亲说完,不由自主地叹了一口气。

"孩子在你们面前没话说,在其他人面前呢?"我再次追问,想确定男孩的具体情况。

"他呀,只是在我和爱人面前没话说,见了亲戚、邻居,话都挺多的。"

"听完你的讲述,我认为你儿子现在不爱说话,根源在你身上。"

"不会吧,我做错了什么?"她困惑地问。

"我个人觉得,你儿子现在不爱说话,可能有两方面的原因,其中主要是因为你以前没能用心倾听孩子说话,导致孩子受到打击,不愿意说了,天长日久,自然就会变得沉默寡言。另外,孩子长大了,有什么事喜欢藏在心里,这也有可能是孩子不再爱说的一个原因,不过,这是次要因素,不起决定作用。"我分析说。

"这样呀，我知道自己的错误了，以后不会再那样做了。你能告诉我，有什么好办法使我儿子开口吗？"她急切地问。

"孩子已经对你们产生了抵触的心理，再想改变肯定很难。"我实事求是地说。

"你千万一定要帮助帮助我呀。现在孩子正上高中，正是关键的时候，孩子不说话，我们不了解他的情况，心里着急呀，怕他上网打游戏、早恋等等。那样的话，前程岂不是要毁了吗？"

"我能理解你。这样吧，孩子以后说什么话，你们一定要耐心地倾听，同时，对孩子要多关心、体贴，这样亲子关系变得和谐了，或许孩子开口说话的机会就会增多。从中，你也就可以多了解孩子的一些情况了。但这个过程，一定要慢慢来，不能着急，否则欲速则不达。"

这位母亲听后，点头说回去一定照我所说去做。我希望，她与儿子之间的沟通不畅能够早日得到缓和。

这位母亲的咨询，让我想起了一个叫刘芝的女孩子，同样是因为父母没能用心倾听自己说话，变得沉默。只是这个小女孩的情况，要比上面那个男孩更加糟糕，她几乎见了所有人都不爱说话，好像有些自闭的倾向。

现在想起这个叫刘芝的小女孩，我还记忆犹新。

认识她，是在一年前的一天。

记得那天是周六，天空淅淅沥沥下着小雨，我看着这样的天气，想着可能不会有人来咨询，便准备回家。

就在此时，一个年轻的妈妈，拉着一个六七岁的女孩子走了进来。

"这是我女儿刘芝，她好像有点自闭倾向，不合群，不爱说，遇到什么事情都保持沉默。"女孩的妈妈说。

我听她说完，转眼看刘芝，小女孩一直低着头，手里拿着一只白色的绒毛小熊不敢与我的目光正面接触。六七岁的年纪，正是活泼爱动时候，可是眼前的小女孩，竟像个老人一样木然。

"刘芝，你赞同妈妈刚才的话吗？"

见我如此问，小女孩抬头看了我一眼，又转头看了妈妈一下，没有作声。

131

"你能先出去一下吗？我想和孩子单独聊一聊。"

我感觉小女孩有点憷妈妈，于是让她的妈妈先出去。

但是，在妈妈出去之后，小女孩依然是沉默不语，把玩着手里的绒毛小熊，这证明了她妈妈所说是实情。

"孩子，你很喜欢这只白色的绒毛小熊吧？"我摸了一下小熊问。

刘芝点了点头，算是回应。

"是谁送给你的呀，真可爱！"

"妈妈给我买的。"小女孩抬头看了我一眼，又朝外面看了一下说。

见因为问到她感兴趣的话题，小女孩开了口，我的心也随之放松了下来，知道能问出一些事情了。

因此，我接着温和地问："刚才你妈妈说那些话，你赞同吗？"刘芝点头。

"你觉得，自己因为什么变得不爱说话？"我问出这句开放性的问题，给她较宽松的回答范围。

刘芝又朝外看了一眼，没瞧见妈妈的身影，这才小声说："李老师，我现在这个样子，其实都是妈妈造成的。"刘芝说完，又朝外看了一眼，生怕妈妈听见。

"讲给阿姨听听。"

"我妈妈平时不喜欢听我说话。记得小时候，我要给她说什么，刚开个头就被妈妈打断，还训斥我不知道学习，天天净讲些没用的东西。这样次数多了，我就不爱说了。久而久之，就养成了沉默的习惯。以后不管遇到什么事情，都藏在心里，哪怕妈妈冤枉了我，也不辩解。在别人面前也是一样，能不说就不说。其实，我心里有许多话要说。"刘芝说到这里，眼圈发红，眼泪几乎就要流出。

我知道刘芝还是十分渴望与妈妈进行交流，因此走过去，蹲在小女孩面前，双手扶着她的肩膀说："孩子，我理解你的心理。放心吧，一会儿我和你妈妈好好谈一谈，她一定能改变以往错误的沟通方式，能够耐心倾听你的心声。好不好？"刘芝点头，这才露出了一个浅浅的微笑。

感悟点滴

> 　　孩子小时候，看到什么东西，心里有何想法等，都会想着找父母说。
>
> 　　此时，如果父母没能做到耐心倾听，甚至一听孩子说就烦，为此还经常训斥孩子，那么，孩子很容易就会受到打击，丧失信心，变得不再喜欢说话。这对孩子心身健康不利，还会影响到日后的沟通。
>
> 　　相反，父母若是在孩子说话的敏感时期，能保持着很大的兴趣，用心聆听孩子的话语，那么孩子就会特别开心，长大后也会保持着这个良好的习惯，喜欢与父母交流。而父母想了解孩子，要走进孩子的心里，也会比较容易。

四、积极进行互动

　　一个周日的下午，我到表妹家去，正与她聊天之时，妹夫带着女儿小黎回家了。

　　"阿姨好！"小黎满面笑容跑到我面前说，显得十分高兴。

　　我点头回应，心想小黎肯定有什么开心的事。

　　不出我所料，小黎靠近妈妈坐下说："我刚才和爸爸出去玩，看到一个小花狗，我走到哪里，它就跟到哪里，真……"

　　我正在认真地听着，小黎突然不说了，她看着妈妈心不在焉，停下来问："妈妈，你在听我说话吗？"

　　"听着呢？"表妹端着茶杯一边往嘴里送一边说。

　　"你听着呢，那我刚才说了什么？"小黎不满地问。

"你好像在说一条'狗'吧?"表妹看了我一眼,我给她做了一个"狗"的发音嘴形,她领会到了,这样说。

小黎听了十分不满,噘起嘴说:"我说那么多,你就记着一个'狗'字呀?"

表妹见孩子不高兴了,急忙解释:"刚才妈妈没注意听,你接着说,妈妈这回认真听。好不好?"

小黎虽然还生着气,但听妈妈这样说,勉强又讲了下去:"那只小花狗总是跟在我身后,我真想把它抱回家来养。可是,不大一会儿,它的主人就找来了,把小花狗抱走了。"小黎说到这里,又停了下来,用眼睛盯着妈妈。

"怎么啦,讲完了?"表妹看着女儿不说了,这样问她。其实,就是我,也有些困惑,以为她把事情讲完了。

"没有。"小黎情绪低落地说。

"没讲完?那就接着说吧。"表妹没有多想别的,对女儿这样说。

"就我一个人讲,你们一点没有反应,有什么意思呀!我不讲了,反正你们也不感兴趣。"小黎说完,站起身愤愤不平地走了。

"你说这孩子,就是个事妈!不是存心无理取闹吗?"表妹见女儿这个样子,对着她的背影说。

小黎听了,回头怒视了妈妈一眼,接着快步走进卧室,"砰"的一声关上了门。

"现在的孩子,真是不可理喻!"表妹朝我嘟囔着,我刚开始也觉得小黎无故发火,有点莫明其妙,后来仔细想了一下,觉得她说的话确实有一定的道理。

因此,我就对表妹说:"别尽责怪孩子,咱们确实没能做一个合格的听众,只是听了,没有与孩子积极互动,孩子也不知道咱们认真听了没有,难怪她不高兴了。"

表妹听我讲得有道理,不再责怪孩子,接着转移话题,继续和我聊天。但是,我虽然应答着,却有些心不在焉,因为我还在想着小黎刚才的话,想着她此时的沮丧心情。

感悟点滴

一般情况下，刚学会说话的孩子一直到六七岁时，正是说话的敏感期，在这个阶段，孩子特别爱说，喜欢用语言来表达自己，有什么高兴事或者烦恼，都会找父母诉说。

父母如果无视孩子表达的欲望，经常打断或者敷衍了事，很容易使孩子伤心，从而使沟通受阻，亲子关系疏远。

因此，在这个时期，父母不但要鼓励孩子多说，还要在倾听的时候积极地与孩子互动，这样孩子高兴，才能保持住说话的热情。

记得女儿小雪五岁左右的时候，那年我把老家的父母接来住了一段时间。

一天下午，我正在做饭，爱人把小雪从幼儿园接回来。小雪到了屋里，四下找了一遍，跑过来问我："妈妈，您见姥爷了没有？"

我摇了摇头说："妈妈在做饭，没看见你姥爷。"

"姥姥，您知道姥爷上哪里去了吗？"小雪又去问正抱着小宇的姥姥。

"你姥爷出去遛弯了，一会儿就回来。"

小雪"嗯"了一声，从窗户向外眺望着，嘴里自言自语地说："姥爷怎么还不快点回来呀！"

母亲听到这话，来到厨房说："小雪这孩子，还挺喜欢你爸呢。"

"呵呵，我也发现了，她只要看见姥爷了，就黏着他。一会儿看不见，就到处找。也不知道我爸使用的什么高招，这么讨小雪喜欢。"我笑着说。

话音刚落，就听到小雪喊："姥爷，您可回来啦，快坐下。"

我和母亲伸出头朝外一看，爷儿俩坐在沙发上，有说有笑交谈了起来。

"姥爷，我告诉您一件有趣的事。"小雪说。

"好呀，姥爷听着呢，说吧。"

"我们今天拔河比赛，小肥摔倒了，因为太胖，爬起来都费劲，看着可好玩啦。"小雪讲。

"是不是就像这样？"小雪的姥爷半歪在沙发上，装着要起身但怎么也起不来的样子问。

"就是这样，就是这样！"小雪看着姥爷，哈哈笑着说。

"在学校，还有什么好玩的事发生，姥爷最爱听小雪讲这些事情啦。"

"多着呢，我还给您讲。"小雪见姥爷对自己讲的内容很感兴趣，接着继续说，"老师今天找我的同桌小林回答问题，他因为睡着了，站起身还揉着眼睛呢，当然也就不知道该怎么回答问题啦，可是小林并没有挨批评。"

"呵呵，我猜呀，是不是有人告诉他答案啦。"小雪姥爷轻敲着脑袋想了一会儿说。

"姥爷，您真聪明，那个告诉他答案的人就是我呀。"

"我们小雪就是学习积极，还知道乐于助人呢，真是个好孩子。"小雪姥爷夸奖她。

"姥爷，我再给您讲件事……"

小雪滔滔不绝地和姥爷说着。而她的姥爷，不时地根据小雪所讲的内容，插上一两句话，两人聊得十分投机，一直到吃饭的时候，还在那里说个不停。

从两人的这次聊天中，我知道了小雪喜欢与姥爷在一起的主要原因，那就是小雪姥爷在孩子说话时，能够和她积极地进行互动。

感悟点滴

　　孩子与父母说话，一方面是为了满足表达的欲望，另一方面是想从中得到的父母的认可、支持。如果父母因为种种原因，没有注意听，或者没和孩子积极互动，孩子会由此联想到自己以及自己说的事不被重视，心情就会受到影响，甚至不再继续往下讲。

　　因此，在孩子说话的时候，父母不仅要用心倾听，而且还应该与孩子积极地进行互动，一步步地引导孩子把想说的事情讲完，这样沟通不但顺畅，孩子也会开心，与父母的关系也会因此更进一步。

事实上，在与孩子进行沟通中，积极进行互动，引导孩子把话说完，不但使孩子开心，能进一步了解孩子，还能够避免不必要的误解。

有一次，我到一所中学开展讲座，提到了树立理想、目标，我问其中一个男孩："你长大了想做什么？"

男孩大概十一二岁，长得虎头虎脑，圆圆的脸蛋，黑黑的皮肤，显得十分壮实，他见我问，站起身高声回答："我长大了要当警察。"说完就坐了下去。

我接着问："你知道当警察都做哪些事吗？"

"抓小偷，逮坏人。"小男孩认真地说。

"如果有一天，你遇到劫匪，他们有三个人，手里还拿着刀，而你就一个人，力量悬殊很大，碰到了这样的情况，你会怎么办？"

小男孩歪着头想了一下说："要是这样，我就跑回警察局。"

小男孩此话一说出口，其他人都大笑了起来，还有些孩子发出"嘘"声，大多数人都想当然地认为他胆小怕事，不配做个警察。

男孩见别人这种反应，有些着急了，瞪着眼睛，嘴张了张，不知道该如何表达自己。

"我想，你跑回警察局，应该不是因为胆小、怕事，对不对？"我见他这种神情，知道小男孩肯定还有话说，急忙接过话问，与他积极互动。

小男孩听了，脸上的肌肉立即松弛下来，连连点头说："对，我想回到警察局，叫更多的同事过来，一起把劫匪捉拿归案。要是我一个人的话，斗不过他们三个人，坚持战斗，不仅会吃亏，甚至有可能丢掉性命。丢了性命我不怕，但我觉得应该丢得值，不能白白牺牲，否则，就太不值了。"

听了男孩这番解释，我暗自佩服，没想到小小年纪，竟然想得如此周全，因此举起手掌，使劲拍了起来，其他人也跟着鼓起了掌。

等到掌声平息，男孩走到讲台前，朝我鞠了一躬，站直身子诚挚地说："谢谢您听我把话讲完，要不是您好心提示，并给我解释的机会，别人肯定会误解我。而我，也会因此受到打击，难过不说，以后有可能再不会想着当警察的事。"

说完这些话，小男孩又深深地朝我鞠了一躬。

"你是个有出息的孩子，将来肯定会实现自己的理想，当个好警察，甚至会成为一个好领导。"我被男孩的言行折服，由衷地说。

男孩又了说声"谢谢"，昂首挺胸地走向自己的座位。

后来，我听说这个男孩考上了军校，他离理想不远了。我认为，这个小男孩走到了这一步，我那次的积极互动在其中也起到了一定的作用。

如果在当时，别人都认为男孩是做"逃兵"时，我不引导他说出心里的真正想法，小男孩就会遭人误解，甚至有可能被人冠以"逃兵"的外号，在此种情况下，就像男孩所说，他受到打击，怕很难有今天的成绩。

由此可见与孩子积极互动的重要性。

感悟点滴

不管孩子年龄大小，在他说话的时候，父母都要保持着足够的兴趣，耐心倾听的同时，积极地互动，引导着孩子把内心的想法全部说出来。

这样做不但能够使沟通变得通畅，还能避免误解孩子。父母因为了解了孩子，对孩子才能更有效地进行引导教育。

所以，父母一定要做一个合格的听众，在孩子说话时给予积极的回应，与孩子进行不间断的互动。

第六章
赞美做到有方

一、及时肯定孩子的闪光之处

我曾在一本书里，看到这样一个给人启迪的故事，内容如下：

古时候，有一个员外，家境殷实，有许多财产。员外有三个儿子，但是个个都比较笨，他担心自己年纪大了，家产落到这些不学无术的儿子手上，会因为经营不当，被他们败光。于是，员外就请了一个当地很有名气的先生来家中给儿子当老师，教他们知识。

这个先生来到之后，对员外说："我教学生有一个规矩，必须先经过考核，合格了才能收他们做学生。"

老员外知道儿子都很笨，担心他们过不了关，胆战心惊地看着先生考核儿子。

先生捋着胡子说："今天，我考核你们的题目类型是对对子，上联是'东边一棵树'，你们来对下联。"

员外的三个儿子听了，都不知道该如何对下联，个个向后缩。最后，大儿子不得已，先上了场，他不知道该如何对对联，嘴里一直说着"东边一棵树"、"东边一棵树"，就这样走到了先生身边。

员外一听大儿子嘴里一直嘟囔着这句上联，心想这下完了，大儿子肯定会被先生拒之门外了，在心里暗自埋怨大儿子太笨。

但令他没有想到的是，教书先生听到后，却笑着对员外的大儿子说："你记忆不错，我收你做学生了。"

接着，员外的二儿子上场，也是对"东边一棵树"的下联。他走到先生身边，脱口而出"西边一棵树"。老员外听后，生气得直跺脚，认为二儿子会被淘汰。

可是，先生听到后却点着头说："东对西，你对得不错，今后就是我的学生了。"

最后，轮到员外最小的儿子上场了，他觉得自己对不出，一上台就哭了起来。员外觉得儿子太给自己丢脸了，甚至想走过去狠狠地揍他一顿。他理所当然地认为，这个小儿子，肯定当不了先生的学生。

没有想到，老先生却捋着胡子说："此子有羞耻心，可教也，我也收下了。"

就这样，老员外的三个笨儿子，成了那个有名气先生的学生。经过几年的学习，三个孩子都学了很多的知识，成了有用的人。

这个故事，道理显而易见，就是要善于发现孩子的闪光之处。

感悟点滴

许多时候，不是孩子没有闪光点，而是父母不善于发现。父母要多看孩子的优点，多留心孩子的闪光之处，发现之后及时肯定、称赞，孩子得到认可、表扬，自信心才会增强，积极性才能提高，各方面也才会因此变得更好。

即便孩子缺点多如牛毛，经常犯错，身上也会有优点存在，父母绝对不能因为孩子身上缺点、毛病太多，而忽略了他身上的闪光之处。优点越少的孩子，越需要父母去用心挖掘出他身上的闪光之处，这样孩子才能逐渐从自卑变得自信。

我所带的班级里，有一个叫小文的男生，他成绩不好，打扫卫生不积极，又因为比较调皮，经常在课堂上捣乱，影响老师讲课和学生听讲。这样一个学生，几乎所有的代课老师都不喜欢他，我作为班主任，虽然不像其他老师那样讨厌小文，但也很少对这个孩子多加关注。

有一天下午，我正要去上课，小文匆匆忙忙地走到我的办公室说："老师，上节体育课时，我捡到了十元钱，也不知道是哪个同学丢的，交给您。"

我接过钱，心里异常地感动。平时在我眼里一无是处的孩子，拾到钱后居然主动交给老师，这充分说明他是一个拾金不昧的孩子。而许多成绩优秀的学生，不见得有这样的美德。看到小文身上这个闪光点，我决定要当众表扬一下小文，好让他在学生面前挺直腰杆。

我去了教室，在开始讲课之前，我让学生检查一下自己的东西，看有谁丢了东西没有。

孩子们一听，个个都开始翻看书包、衣兜，班里一片嘈杂声。过了一会儿，声音逐渐停止，一名叫小爱的女孩举起手说："报告老师，我丢了十元钱。"

我听后笑着点头，接着从兜子里掏出十元钱，举着它说："这十元钱，是咱们班里一个学生捡到并主动上交的。"

说到这儿，我故意停顿了下来。学生们一听，都相互打听、议论起来："是你拾到了钱？""钱是你捡到的吗？""是谁拾金不昧，令人敬佩！"……孩子们这样问的时候，对假想拾到钱的学生充满了崇敬之情，尤其是小爱，她左右前后看着自己的同学，对那个拾到自己的钱又主动上交的同学感激涕零。

看到这情景，我觉得时机到了，就把小文叫到讲台，用手摇了摇了手中的钱，大声告诉学生："这十元钱，是小文捡到的。"

学生刚开始听到我这样说，有点不相信，诧异地你看我，我看你。我带头拍起了手，学生跟着响起了雷鸣般的掌声。

"小爱，上台把你的钱拿回去吧。"等到掌声逐渐平息，我叫失主来领钱。

小爱是个漂亮的女孩子，成绩也很优异。她平时根本看不起小文，两人甚至一句话都没有说过。此时，小爱走到讲台，没有先拿钱，而是主动走到小文面前，真诚地说："小文，谢谢你！"

小文以前从来都没有得到过老师的夸奖，就是刚才也没有想到一向看不起自己的小爱，会主动向自己说谢谢。他有些害羞地低下了头，但心情却压抑不住地激动，小脸也因此涨得通红。

我相信，有了这次经历，小文不仅拾金不昧的好行为会继续下去，其他各方面也有可能会朝好的方向发展。

感悟点滴

　　父母不要因为孩子身上问题多而忽略了孩子，这类孩子，更需要父母的关注，更渴望得到父母的表扬。

　　对于这类孩子，父母不仅要多加关注，而且在发现孩子的长处之后，尽可能地大事渲染，高声表扬，这样会增加孩子的快感，同时提高孩子的自信，强化表现好的行为举止，从而帮助孩子更有效地纠正缺点、改掉不良习惯，成为一个优秀的孩子。

　　其实，所有的孩子身上，都有许多可赞许之处，只要父母用心寻找，哪怕在孩子的错误或者失败中，也会发现闪光之处。

　　爱迪生小时候，经常拆卸家中的物品。很多次，把东西拆开后，却没能装回去，许多物品就这样被宣告作废，需要再买新的。

　　面对孩子看似破坏性的行为，爱迪生的母亲看到了孩子的好奇心，不仅没有责备孩子损坏物品，相反特别支持他的这一行为。爱迪生得到了妈妈的认可，拆卸物品的兴趣更大了。

　　有一次在学校，爱迪生见老师上课时拿来各种各样的讲课道具，由于好奇心的驱使，他在课间把所有的道具都拆开查看了一遍，但却没能装成原样，教具成了一堆零件。

　　老师来上课时，发现教学工具都不能用后，得知是爱迪生搞的破坏，就生气地把他的母亲叫来，说孩子有损坏物品的毛病，让她督促着儿子纠正。

　　爱迪生的母亲听后，正色说："我的孩子喜欢拆卸物品，这说明他好奇心强，有超强的求知欲，这是他的优点。怎么到了你这儿，却把它说成了孩子的缺点呢？"老师当时被问得哑口无言。

　　伟大的发明家爱迪生，就是因为有这样一位慧眼母亲的大力支持，才有了后来的巨大成就。

　　生活中，像爱迪生妈妈那样能从坏事中看到孩子优势并大力支持孩子的父母不多，但能从孩子平时的玩耍中，了解到孩子的擅长之处，并支持的父母也不少，我爱人的姑姑就是其中的一个。

姑姑的儿子陈清，从小学习不好。但是，像许多父母一样，姑姑和姑父希望孩子能努力学习，提高成绩，将来考上大学，找一个体面些的工作。

但是，陈清对学习就是不感兴趣，说将来想做个电器修理工，心思一点都没在学习上。为此，姑姑很苦恼。

有一次，姑姑家的洗衣机坏了，打电话叫修理工几次，都因为忙没有及时到。陈清就拿着工具，把洗衣机的后盖打开，看了一会儿，查到了问题所在，一会儿就把洗衣机修好了。

此后，家里的冰箱、电饭锅等类似的物品坏了，陈清找到工具把它打开，大多数时候都能自己把它修好。

姑姑发现儿子有这个特长之后，在陈清读完初中想学修理电器时，没有拒绝，并拿出几千元钱让他拜师学艺。

两年后，陈清学到技术回家，在附近的街上开了一个电器修理铺。

由于他本身擅长修理电器这一行，而且又在拜师学艺时专心学习两年，技术纯熟，再加上送到他那里的坏电器，陈清收费相对来说比较便宜，结果，只用了一年的时间，他的电器修理铺就火了起来，每天收入多则过千，少的时候也没有下过七百。后来因为忙不过来，陈清还招收了两个学徒工，生意做得红红火火。

看到儿子的收入不亚于通过考大学后再找工作的大学生，姑姑打心眼儿里高兴。

感悟点滴

有时候，孩子表现出来的行为，看表面不值得称赞，但如果考虑孩子背后的动机、原因，却能发现其积极之处。

父母要善于发现，肯定和表扬，而且还要有意识地放大、培养，让孩子认识到自身的巨大潜力，有意识地把它挖掘、开发出来，塑造孩子的优势资本，促使孩子取得骄人的成绩。

二、表扬要出于真心

孩子们不管天资聪慧还是笨拙，都渴望得到别人的夸奖，尤其是父母、老师的赞扬，会对孩子起到很大的激励作用。

所以，在教育学生和我的两个孩子时，我一般都会采取赏识的教育方式，经常表扬孩子。

记得有一天，我正在做晚饭，小雪从学校回到家，看我在厨房，悄悄走进来，从后面一下子用两手蒙上了我的眼，有意把声音变粗说："猜猜我是谁？"

我不用猜测，就是女儿的手往我脸上一放，就知道是她，于是笑着说："小雪，今天怎么想起来玩这个呀？是不是遇到了什么开心的事？"

听我这样说，小雪顾不得问我怎么知道是她了，急忙放下手讲："妈妈，我有好事告诉您。"

"什么好事，快点告诉妈妈呀！"我故作嗔怪地说。

"我先不说，您猜。"

我一边择菜，一边想着，是什么好事能让小雪这么高兴呢？女儿绘画能力突出，作文写得也精彩，这两项都是她的特长。要说什么好事，应该与这两方面有关。绘画，没有听女儿说过有比赛，而作文呢，前段时间小雪参加了比赛。

想到这里，我笑着说："小雪，这难不倒妈妈呀，肯定是你参赛的作文获奖了吧？"

"妈妈，您太神啦，一猜中的。"小雪崇拜地说。

"不是妈妈神，是因为了解并时刻关注你，妈妈才能猜得准确无误。"小雪听我说着话，凑上前在我额头上亲了一下，算是对我关爱的回应。

接着，她告诉我参加学校作文比赛的具体过程，以及自己得了二等奖的具体情况。

我放下手中的菜，专注地听着女儿说。她的话刚落音，我笑着朝女儿竖起大拇指表扬："好样的，真是妈妈的好闺女，祝贺你！今天晚上，妈妈给你炸瘦肉吃，你看怎么样？"我知道女儿最爱吃这口，因此说。

小雪听后更加开心，趴在我的耳朵边悄声说："妈妈，我以后加强作文训练，下次作文比赛，争取拿到第一名！"

我笑着拍了拍女儿的肩膀说："好，妈妈相信女儿有这个能力，也在等着这个好消息。"

感悟点滴

> 孩子某方面有突出之处，比赛评上了奖项等，自己高兴的同时，也想尽早让父母知道一起分享，并希望得到父母的表扬。
>
> 这时候，不管孩子是否达到了父母所要求的标准，都不能吝啬自己的表扬，真心为孩子取得的每一个成绩高兴，并发自内心地赞赏。这样孩子不但开心，还会因为受到了激励，以后努力做得更好。

我亲身体验到了表扬孩子的好处，因此，当亲戚、朋友、邻居或者咨询人，向我请教有效教育孩子的方式时，我都会向他们传达这个理念：多表扬孩子。

通常情况下，效果都比较好。不过，也有些人运用此方式不尽如人意。

比如与我同小区的王熙荣，一天晚上特地到我家里去，愁眉不展地说："李老师，自从你上次告诉我，要多表扬孩子，我就按照你所说去做了。可结果我却发现，儿子好像不仅没进步，反而比以前更加糟糕。"

听了这话，我吃了一惊。心想，虽然孩子各异，相同的教育方法可能效果不大一样，但是，要说表扬孩子，效果不大还能说得过去，要说因为运用此方式孩子反而变得更加糟糕，我实在难以相信。

因此我问王熙荣到底怎么回事，并让她给我举一个具体的例子。

王熙荣说："我儿子小峰成绩不是不好吗？经常考不及格。有一次，孩子拿着分数回来，依然是没有考及格。我虽然对这个成绩不满意，但想到你说要表扬孩子，我就夸奖他说：'儿子，你真棒！'结果，小峰怔怔地看了我半天，突然说了句'有病吧'，扭头就走了。后来我发现，儿子的成绩好像倒退步了，而且对我也没有先前那样友好了。"

我听后，呵呵笑着说："不是表扬孩子这个方法不好，是你运用时出了问题。"

"问题在哪里？"王熙荣迫不及待地问。

"以前孩子考试，你看孩子成绩不及格，都是批评。这次，孩子的成绩没有进步，和平时一样，你却无故表扬。不要说是孩子，任何人听了，都会觉得不对劲。我怀疑孩子可能认为你在讽刺他，才与你疏远，并且更加不努力学习了。"我解释说。

"哎呀，怎么要表扬孩子，还有这么多的讲究呀！"王熙荣嘟囔着说。

"不是讲究，是你根本没有用心。其实，你表扬孩子，不仅要在孩子有进步、表现好时才这样做，而且要注意态度，做到真诚，不能敷衍了事。"

"你要这么说，我好像又犯错了。当时我表扬儿子的时候，根本就没有看他。"王熙荣低着头小声说。

"这就是你的不对了！表扬孩子要发自内心，真正的赏识。别说孩子没有值得表扬的地方你这样言不由衷地表扬他，就是孩子有值得表扬的地方，你如此表扬，也会伤害孩子的自尊，表扬的话还不如不说。"

王熙荣听了，不好意思地低下了头。

由她表扬孩子不当的事件中，我想到一个女孩子。

她叫小婷，是附近初二的学生，曾听过我办的讲座，所以对我比较熟悉。

一个周六的下午，小婷去咨询室找我，见里面有人，就在外面一直徘徊着。直到来咨询的人都走了，小婷这才走进屋，小声对我说："老师，我想和您说说心里话，行吗？"

"当然行啦，有什么事随便说。"我让小婷坐下后，温和地鼓励她。

"李老师，我觉得妈妈根本就不在乎我。现在，我都不愿意和她说话。"小婷幽幽地说。

"怎么不在乎你啦？能具体给我说说吗？"我引导小婷往下讲。

"比如说，前段时间开运动会，我报名参加了两个项目，其中四百米跑步，获得了第二名。我十分高兴，运动会一结束，我就飞快地跑回家，想第一时间把这个好消息告诉妈妈。没有想到，我给她讲，妈妈眼睛没离电视地说了句'行呀，以后再接再厉，争取下次取得更好的成绩'。"小婷说到这里，眼圈有些发红。

我轻拍着孩子的后背说："你是怪妈妈没有认真听吗？"

"她何止是没认真听，是根本就没有听！"小婷加重语气说。

"你怎么知道妈妈没有听呢？"我好奇地问。

"我当时就感觉妈妈是在敷衍，根本没用心听我说话，因此就故意拉着她的胳膊问：'妈妈，我刚才说了什么？'没想到她听后，茫然地看了我一眼，思考了一会儿，竟然又转头看电视，还说我事多。我这才知道她根本就没用心听我说话，表扬我也是言不由衷。我十分伤心，没有想到自己兴奋地告诉妈妈自己跑步得奖的消息，她根本就不认真听，表扬我也不是真心的。"

说到此处，小婷竟然伤心地"嘤嘤"哭泣起来。

我听了心里也跟着不是滋味，上前拍着她瘦小的肩膀，一边安慰小婷失落的情绪，一边夸赞她在体育方面取得的骄人成绩。这样做的目的，只是使小婷的情绪能够得到稍微平息。

因为，我心里比谁都清楚，不管自己多么诚挚地夸奖，都抵不上孩子父母出自真心的半句表扬！

感悟点滴

孩子有了进步、比赛获奖，或者是其他方面做得比较出色，都希望父母知道并表扬自己。

如果父母因为忙没注意听孩子说，表扬时言不由衷，敷衍了事，敏感的孩子都能够觉察到。其结果孩子伤心，不愿意与父母沟通，甚至还会产生敌视心理，父母千万避免如此。

既然孩子渴望赞美，父母就应该多去表扬孩子，并且这样做时，一定要发自内心，真诚赞美。孩子受到激励，才会努力做得更加完美。

三、赞扬孩子要及时、具体

一个周日，我看天气晴好，想带着两个孩子出去玩玩。小雪约了同学逛街，我和爱人便只带着儿子小宇去爬附近的一座高山。

因为天高气爽，前去爬山锻炼的人很多。小宇看到那么多人，很是兴奋，随着人流向山上走去，我和爱人则紧跟其后。

往上爬了大概半小时左右，高度也就是到了五分之三处，我就觉得双腿像灌了铅似的，十分沉重，迈出去每一步，都很费力。

我朝上看小宇，发现他还在一个劲儿地往上爬。

见儿子这样，上次带他爬山的情景浮现在我脑中。一年前大概也是这个时间，我带着女儿小雪和儿子小宇来爬这座山。

刚往上爬不到十分钟，小宇就说累了，要休息。我和小雪只好陪着，来回休息了几次，好不容易才爬到了半山腰。小宇不想爬了，说太累，哭着非要下山。

最后，我和小雪千哄万劝，小宇才在我们俩的搀扶下挪到了山顶。

时隔一年，今天看到儿子爬得如此起劲，我十分欣慰，累了也没好意思说要歇息。爱人看我脚步慢了下来，就过来牵着我的手，借助他的力量，我继续往上走。

小宇往上爬了一会儿，回头看我们落在后面很远，就转身往下走，来到我身边，搀着我的左胳膊，笑呵呵地说："妈妈，快点啊！"

"好，咱们走快点。"我说着话，朝爱人使了一个眼色，他会意，立即稍微加快些速度。我注意到儿子往上走时，腿脚也在轻微打颤，知道他也一定很累，可却没有再像上次喊着要歇息。

"小宇，你今年体质不但增强了，而且比去年也更有毅力了，真是可喜可贺呀，妈妈看到你的进步十分开心。"我由衷地说。

"那是当然啦，你儿子以后会一天比一天更强！"小宇自豪地说，扶着我向上走的脚步也快了一些，以证明自己确实有进步。

见儿子这样，我一下子也精神了很多，在他们父子的搀扶下，我一次都没停歇。三个人一鼓作气地爬到了山顶，这才坐下喝水、歇息。

感悟点滴

> 日常生活中，父母应该多留心孩子的行为举止，发现他某方面有了进步，或者克服了某个缺点、毛病，要及时赞扬。这样，孩子心情愉悦的同时，和父母会更加亲近，也会努力做得更好。
>
> 如果父母无视孩子的良好表现，或者孩子做后很长时间，父母才想起去夸奖，这会使孩子觉得做好做坏是一个样，容易产生一种消极情绪，进而消极地做事，最终会阻碍孩子的进步。
>
> 因此，父母赞扬孩子，一定要及时，同时还应该尽可能做到具体。

女儿小雪约莫五岁大小时，每次吃饭，不是东张西望，就是拿着筷子敲打碗盘，总之是边吃边玩。很多次，我们都吃过饭后，她一个人才慢悠悠地开始动筷子。

为此，我和爱人哄劝过女儿，也对她进行过威吓，但好像都没起太大的作用。无奈之下，只好顺其自然了。

有一天中午，我们包饺子吃。并且约好下午两点钟，与一个朋友在某个公园见面，一起去玩。

我担心小雪吃饭时又玩，怕她耽误时间，把盛好的饺子递给女儿时，还没忘记提醒她："小雪，快点吃，咱们下午还要出去玩呢，跟别人都约好了。"

"好的，妈妈。"小雪答应着，接过碗。

我以为女儿会懂事地赶快吃饭，没有想到她像往常一样，又玩了起来，她拿着勺子，一会儿敲碗，一会儿玩弄饺子。我和爱人一碗饺子都快吃完了，小雪刚吃下去一个。

爱人有些着急了，就对女儿说："小雪，咱们比赛吃饭吧，谁吃得快，谁就是胜利者，是冠军。"

爱人眼见女儿吃得实在太慢，担心到约定的时间不能按时赶到，因此灵机一动，这样对女儿说。

小雪一听，来了精神，看着我和爱人说："爸爸、妈妈，让我看看你们碗里还有多少饺子。"

我和爱人把刚盛满碗的饺子放到桌子上，让女儿看个清楚。

小雪一见我们那么多饺子，自己碗里只有几个，十分高兴地说："好，爸爸、妈妈，咱们现在开始比赛谁吃得快！"

说完话，她就开始大口大口地吃了起来。我们碗里的饺子刚下去一半，小雪就把碗往前一推说："看看，我吃完了，我赢啦！我是冠军。"

我摸着她的头赞扬说："小雪，今天专心吃饭，比我和你爸爸都快，拿到了第一，真是个好孩子。"

小雪听后，歪着头笑着对我说："妈妈，以后我每次吃饭都专心，天天拿第一。"

看着女儿调皮又认真的模样，爱人附和着说："我女儿，肯定能说到做到，以后吃饭会比我们都快！"

小雪见爸爸也这样说，高兴地摇头晃脑，得意洋洋。

此后，小雪吃饭时，果然一心一意。偶尔想玩时，我和爱人一提醒，她立即就会加快速度，几乎每天都是最早一个吃饱下桌，成了我们家吃饭快的冠军。

与此同时，小雪以前吃饭时爱玩的毛病，也在不知不觉中消失得无影无踪了。

感悟点滴

> 孩子小时候，喜欢玩，做什么事都容易分心，这是孩子的特点，并且他自己并不能分辨出是好是坏。
>
> 因此，父母要想帮助孩子巩固好行为，去除不良的举止，就要多夸赞孩子，而且尽可能具体，让孩子清楚自己哪个地方做得好才得到夸奖，他才会更加积极用心地那样去做。

我记得小雪十来岁，小宇五六岁时，两个孩子最爱在一起玩，尤其是小宇，那时候总是喜欢纠缠着姐姐让她跟自己玩。

小雪那时已经上四年级了，放学回到家还需要学习；而小宇读幼儿园，正是玩耍的时候，他总是纠缠着姐姐，很多次，小雪都无法写作业。

有一次，爱人把小雪和小宇接回家后，小雪和弟弟小宇玩了一会儿，要去屋里做作业，就把小宇带到我面前说："妈妈，我做作业了，您和小宇玩吧。"

"小宇，过来，帮妈妈择菜好吗？"

"不，我要和姐姐玩。"小宇见姐姐去了卧室，随后跟了过去。

无奈之下，小雪又和弟弟玩了一小会儿，然后告诉他说："弟弟，姐姐的作业还没做，要是完不成作业，姐姐明天就会挨老师批评。你先出去玩，等姐姐做完作业后，再和你好好玩，行吗？"

小宇不想让姐姐挨老师的批评，听到这话，懂事地从小雪的房间里走了出来。

爱人看见小宇不再纠缠小雪，夸奖他说："小宇，你真是个乖孩子。"

小宇听了，抬头看着爸爸，不解地问："我怎么乖啦？"

"你不再纠缠着姐姐让她和你玩啦，不影响姐姐学习了，这就是乖啊。"爱人这次说得具体了一些。

小宇看着爸爸，认真地说："我不是乖，是不想让姐姐挨老师的批评。"

听了这话，爱人是一头雾水。他问我："你听懂了儿子说那话的意思了吗？"

"我想，有可能是小雪拿不写作业老师批评自己为由，支开了小宇，"

等到小雪写完作业走出卧室后，爱人上前问她，才得知确实是这么回事。

小宇不认为爸爸赞扬他乖是对的，我也觉得爱人不了解情况就这样笼统地夸儿子乖不太妥当。

感悟点滴

父母夸赞孩子之前，要清楚事情的经过，了解孩子的心理，尽量不要用"你真棒"、"乖孩子"、"做得很好"等简单笼统的表扬话语。

用这种方式夸赞孩子，因为不具体，收效微乎其微。

父母赞扬孩子，只有做到具体，孩子才能知道什么地方做得好，从而朝这个方向努力；而夸赞孩子做到及时，才能促使孩子继续做下去，强化孩子的好行为，从而使他变得越来越优秀。

四、赏识孩子的努力而不是聪明

我的女儿小雪，相对来说比较聪明，接受新知识比较快。

每天，老师新讲授的内容，她在课堂上基本就能全部吸收，放学后只要写完老师布置的作业就行。不像别的孩子那样，放学后还需要把新学习的内容重新看一遍，要加很长时间的班，才能把知识消化。

我虽然明知道女儿学习轻松，而且成绩优秀，这都与她的聪明有关，但是，我从来都没有夸奖过孩子聪明，担心她会因此放弃努力，成绩降低。

虽然这样预防着，有一次考试，小雪的成绩还是不如以前。

我不知道因为什么原因导致，留心观察也没有发现蛛丝马迹。后来，我直接找到小雪，问她成绩怎么下降了。

小雪愧疚地对我说："妈妈，都我的错，最近一段时间上课，我没有怎么注意听讲。"

"怎么突然想着不好好听课呢？"我不解地问。

"老师见我成绩好，上课回答问题都正确，他们就经常在班里夸奖我聪明，说我学什么一点就能，脑子灵活。我想，既然生来聪明，如果不好好学习，成绩一样也会良好，所以就放松了下来，对学习就没有以前用心，上课没太专心听讲，考试前也没有抓紧时间复习，结果就没有考好。"

说完这些，小雪伤心地低下了头。

我知道女儿已经意识到了错误，就没有再进行批评，而是拍了拍她的肩膀问："小雪，你从这件事情中，得到了什么启发？或者说有什么收获？"

"一个人，不管生来多么聪明，不努力也很难有收获。"小雪说。

听女儿这样说，我欣慰地点了点头："你讲得十分对。别说是你这点聪明，就是那些天生就是高智商的科学家、发明家，如果没有后天的努力，也会一事无成。"

"妈妈，我知道该怎么做了，不会再耍小聪明，以后还像以前那样，踏实学习。"我点头，相信女儿有了这次的教训，今后不会再出现因为自己稍微比别人聪明，而放弃了努力的情况。

感悟点滴

孩子生来确实资质不一样，有的智商比较高，学习什么一点就通。但是，不管孩子多么聪明，脑筋转得有多快，父母都要记住，不要夸赞孩子聪明，而应该表扬孩子的努力。

否则，孩子觉得自己天生聪明，很容易就会滋生骄傲心理，放弃后天的勤奋努力，结果很可能取得的成绩还不如资质一般的孩子。

作为父母，不管孩子是因为真的聪明取得了好成绩，还是由于后天的勤奋才有了丰厚的收获，都要记着，不要去夸赞孩子聪明，而要表扬孩子的努力。

对待天生聪明的孩子要这样，对于那些相对来说有些迟钝的孩子，父母更需要赏识孩子的努力。

我所带的班级里，有一个男孩子，名叫吴山，是班里孩子年龄最大的一个，可是他的成绩，却几乎都排在最后。

吴山这孩子，生来说话就不清晰，天生资质稍差，使他学习起来相对来说要比较费力。但是他听课或者做作业，一向都很认真。

对于这类孩子，一般的老师不会太注意，我作为一个班主任，外加吴山的代课老师，看到孩子努力却成绩总上不去，心里很不是滋味。

我分析吴山成绩一直难以提高，基础比较差是主要原因，只要系统地补一下，成绩有所提高不成问题，他的父母应该能做到此事。

想到这里，一天下午放学后，我和吴山一起去他家，想让他的父母给孩子系统地辅导一下以前的知识。可是，到了那儿才发现，吴山的父母不在家。

"孩子，你父母什么时间才能回家？"我观察着吴山家窄小的平房问。

"他们推着车子摊煎饼卖小吃，每天很早就出去，要到晚上九点钟左右才回来。"吴山说。

我本来还想让他向父母传达自己的意思，听孩子这样一说，我知道要想让吴山的父母给孩子补习功课，几乎不可能了。

我有心帮助孩子，就对吴山说："从明天开始，下午放学后，你到我办公室，我单独给你补一会儿课，并布置一些作业，你回家来做，好不好？"

吴山知道我是为他好，立即点头答应。

从此后，我每天下午给吴山辅导，从他不会的地方开始补课。吴山听完后，回家认真地完成作业。

经过我们师生两人的共同努力，一段时间后，效果终于显现，吴山在期中考试的总分成绩一下子跃到了中等水平。

我在班里夸赞吴山进步快，并特地指明是他努力学习的结果。

吴山第一次得到这样好的成绩，很是开心。他特地跑到我办公室，向我深深鞠了一躬说："谢谢您给予我的巨大帮助，我会终生不忘！"

"吴山，记着今天的成绩，是你努力换来的结果，今后还要继续保持勤奋，不要懈怠。"吴山使劲地点了点头。

我相信，如果吴山能一直像现在一样努力，成绩不但会越来越好，将来走上工作岗位，也会事业有成。

感悟点滴

> 一般来说，孩子生来资质都差不多，但也有一些孩子，各方面都比一般孩子反应慢，天生有些迟钝。
>
> 这样的孩子，无论学习什么都会比别人要多费一些劲，往往付出同样的时间与精力，结果却与别的孩子差一大截子。
>
> 不过，父母不要因为孩子笨就放弃培养，而应该在生活、学习中，有意识地多夸赞孩子的努力，并让他认识到这样做的重要性。只要孩子付出足够的努力，天生比较笨一样能够取得优异的成绩。

父母应注意在夸赞孩子努力的同时，也要避免说孩子笨。

记得有一次，我们几个老师要加班，所以放学后都没走。同事王梅把女儿小艳从幼儿园里接到学校，并找出几张白纸，让她写1到10这10个数字，随后便开始做自己的事情。

过了大概十分钟，王梅看女儿正在玩，走到她身边问："小艳，你写完了吗？"

"写完了，给你。"

小艳把纸递给妈妈，又玩了起来。

"你这孩子，我都跟你说了多少遍了，怎么就是分不清'6'和'9'呢。把所有的数字再重新写一遍，记着，'6'圈在下，'9'圈在上。"说着，把纸递给女儿，让她重写。

小艳知道自己错了，接过纸，又开始写了起来。

这一次，小艳很快就写完了，她拿着那张纸走到王梅面前说："妈妈，您再看看，写错没有？"

王梅接过去一看，怒不可遏，大声训斥女儿说："你真是个笨蛋，怎么又把'6'和'9'写错了。"接着，她指着纸上那个"6"说，只写这个"6"，念着写着，一直到把它写会为止。

"刺啦"一下，小艳接过纸，不仅没写，还把它撕成了两截。

这个举动，别说是王梅，连我们其他几个同事，看到这情景都一下子愣住了，没有想到小艳会这样做。

"你这孩子，想造反不成。"王梅生气地抬手要打女儿。我急忙走上前把她拉住劝说："孩子可能是写累了，让她歇一会儿吧。"

"阿姨，我不是累。"小艳反驳我。

接着，她面向妈妈，瞪着眼睛说："既然我是个笨蛋，那就不用写了，写也是白写。"

王梅这才明白，原来女儿如此激烈的反应，源于自己说她是个"笨蛋"了，我听后也是恍然大悟。由此可知，"笨蛋"二字有多么伤孩子。

感悟点滴

不管孩子脑筋灵活，还是反应迟钝，父母都尽量不要用"聪明"之类的词夸赞孩子，也避免用"笨蛋"这样的词批评孩子。否则，很容易会使聪明的孩子不再努力，导致笨孩子觉得自己天生如此，勤奋无用，一样不去用功。父母应该把夸赞或者批评都落在孩子的是否努力上。

因为，"天才，是百分之一的聪明加百分之九十九的勤奋而成！"再聪明的孩子，不努力也会一事无成，再笨的孩子，只要付出足够的时间和精力，一样会取得骄人的成绩。

五、善于发现孩子的进步并鼓掌

一个周日，天气晴朗，微风轻吹，是一个令人愉快的好天气。

我吃过早饭，就去咨询室了。快到中午时，我回到家做饭。

小雪看见我，从卧室跑出来接过包，笑着说："妈妈，今天是一个好天气吧。"

"嗯，是一个好天气，蓝天白云，阳光温馨。"

"妈妈，这样的好天气适合做什么呀？"小雪盯着我问。

我一下子困惑了，朝窗外看了一眼，心里想着女儿可能想着去玩了，就问："小雪，你是说适合出去玩？"

"适合玩，但是我并没想着要玩。妈妈，您再想想，平时在天气好时，最爱做什么事情？"小雪提醒我。

我认真思考了一下，突然一拍脑袋说："小雪，你是不是说这样的天气应该晒被子呀？"

"对啦，妈妈，您平时不是只要看到天气好，自己在家时，就会把被子拿出去晾晒吗？"

"是呀，今天应该晒被子，我早上走得匆忙，忘记了。现在要是再晒被子就晚啦！半天时间都过去了，没有必要再拿出去了。"

"妈妈，您想拿出去晒，都找不到啦！"小雪笑着对我说。

"闺女，是不是你已经把被子拿出晒啦！"我有些不相信地问，小雪以前从来没有主动做过这样的事。

"是呀，妈妈，我把您和爸爸的被子，还有我和小宇的被子，早早地就抱到小区健身的地方晾晒了。"小雪使劲儿点头说。

到了这时候，我才意识到，刚才小雪和我绕了那么大的圈子，目的就是想要我的表扬。而我呢，也感觉到女儿今天做得挺好。

因此，我走到小雪身边说："闺女，你真是越来越懂事了！也让妈妈越来越省心了。"

女儿听到我夸奖，呵呵笑着说："妈妈，那是当然啦，我越来越大了呀。您放心吧，下午在太阳没落之前，我就会去把被子收回来。以后呀，只要我在家，晒被子的事情就交给我吧。"

"好，交给你。闺女做事，妈妈最放心。"我笑着回应。

小雪开心地凑过来，在我的额头亲了一下，我也回敬了女儿一个吻。

从此后，我发现，小雪对晒被子也像我一样了，只要在家，看到天气好，就会把被子拿出去晾晒。我是因为知道晒被子的好处才情有独钟，而女儿，则是由于我的表扬才一直高兴地那样去做。

感悟点滴

孩子第一次主动晒被子，或者第一件做别的有益的事，都希望父母能够注意到自己，并且给予赞美。如果父母无视孩子的这种举动，或者看到后也是无动于衷，那么孩子很容易就会灰心，做一次有可能就会放弃。

因此，父母应该留心，发现孩子在某方面有良好的表现及时夸奖。这样，孩子得到了表扬，心里高兴，行为受到了强化，自然就会继续做下去，变得勤快、懂事。

尤其是小一点的孩子，最易受父母的评价影响。作为父母，应该细心去发现孩子的进步，并给予及时的鼓励，否则，很可能就会影响到孩子继续做下去的积极性。

这样的事例我在邻居张艳家亲眼所见。我和张艳比较投缘，没事时，两人便在一起聊天。

一天晚上，吃过饭没事，我见小雪和小宇都在写作业，便到张艳家去串门。

她看到我很高兴，沏茶、拿水果，很是热情。我喝着茶，和张艳坐在沙发上随便聊天。

当时，张艳四岁的儿子小帅正在旁边用彩笔画画。

不大一会儿，他的画完成了，就乐颠颠地跑过来递给张艳看："妈妈，苹果。"

"儿子呀，你这画的哪叫苹果啊，叫妈妈说，简直就是四不像。"听到这话，本来正昂着头，期望着得到妈妈表扬的小帅，羞愧得满脸通红，他伸手迅速地从妈妈手中夺过画，就要撕掉。

见此情景，我急忙说："小帅，把你的画给阿姨看看，好不好？"

"不让你看，妈妈说我画得不好，我以后再也不想画画了！"小帅把手藏在背后。

"你妈妈不懂绘画，她才那样说。阿姨以前学过绘画，知道画的是好是坏，让阿姨看一眼，要是真的不好，你再撕掉，行吗？"

在我的极力劝说下，小帅这才不情愿地把画递给我，见我看画，他双眼盯着我的脸，十分紧张。

我认真观看小帅画的苹果，说实话，真如她妈妈所说的那样，有点四不像。如果不是小帅说那是苹果，谁也认不出它到底是什么。不过，虽然不像，但看笔的走势，应该不是小帅第一次画了。

想到这里，我问他："小帅，你以前画过苹果吗？"

"画过呀，我给你拿去。"小帅说着话，跑向自己的小屋，拿了两张画递给我。

我对比着看了一下，发现这第三次画的，虽然不像苹果，但有了弧度，比前两次圆了很多。发现孩子的进步之处，我指着刚画的那个苹果说："小帅，你过来看看，这个圆形，是不是与真苹果很像呀？你再对比看一看，这次的画，是不是比以前画的那两张要好很多呀？"

小帅在我的引导下，仔细对比着看这三张画，最后，拿起新画的画说："阿姨，今天我画的这张苹果最好。"

"是呀，我也觉得是这张画得最好。通过对比，我发现你的画进步很快，只要以后多观察，坚持画，下次会画得更好！将来呢，说不定还能当个大画家呢。"

小帅受到了我的鼓励，呵呵笑着说："阿姨，我以后还坚持画画，将来当个大画家。"

接着，他面向妈妈，得意地说："妈妈，你听到阿姨的话了吧？"

张艳意识到刚才自己的失误，急忙附和着说："你阿姨懂得绘画，而妈妈却不了解这方面的知识，刚才我完全是瞎说的。希望我儿子能早一天成为一个大画家。"

小帅这回得到了妈妈的认可，更加开心了，眼睛都乐得眯成了一条缝。我和张艳看着孩子这样，相视而笑。

感悟点滴

孩子初学技能，都有一个过程，由最初的差逐级会成为好。父母在孩子开始刚学习时，不能就拿它与那些好的标准相比，并总是责怪孩子做得不好。

在父母的责怪下，孩子不但会变得自卑，还会失去继续做下去的勇气，甚至一辈子都不愿意再拾起，在这一方面就有可能会一直差下去。

父母应该把眼光多放在孩子的进步上，并及时为他鼓掌。孩子在赞扬声中，才会变得越来越强。否则，父母无视孩子的进步，不但会使孩子心里难受，不愿意与父母沟通，而且还会阻碍孩子前进的脚步，使原本优秀的孩子也变得不优秀。

我就曾接到这样一个孩子的一封信，里面的内容是：

尊敬的老师：

我叫杨梅，上次您来我们学校办讲座时，我在下面一直认真地听，不仅觉得您讲得好，还感觉您是那样可亲可敬。在不自觉中，我有什么心里话，就想对您说。

我是一名初三学生，知道父母供养我学习辛苦，因此努力学习，成绩还算不错，并且处在稳步上升之中，尤其是上学期期末考试，我一下子从中上等的成绩，进入了班里前十名。可是现在，期中考试成绩刚下来，我考得却不是很理想，成绩又退出了前十名。这不是我贪玩导致，而是父母无视我的进步，受到打击导致。

上次考试在得知自己进入前十名时，我十分高兴，回家后跑到父母面前，兴高采烈地对他们说："爸爸、妈妈，你们知道吗？这次考试，我的总分成绩一下提高了很多，进入了前十名，老师还夸奖我进步神速呢。"

"这算什么啊，能进前五名才叫好呢。"爸爸说。

"别有点进步就骄傲，这点成绩不算什么。"妈妈讲。

见他们无视我的进步，我学习的积极性受到了很大的打击。慢慢地，我对学习的兴趣逐渐降低，学习成绩也因此有所退步了。

其实，我不想被父母的话左右，也想一心用功学习，但总觉得有心无力。我想，可能我真的很在乎父母的表扬，希望得到他们的鼓励，那应该是我学习的最大动力。但是，我一直想不通，为什么得到父母的一句赞扬就那么难呢？

我好渴望，在我进步时，父母能表扬我几句，鼓励我努力下去。如果他们真这样做，我还是有信心进入前五名的！可是，我不愿意与他们沟通，见到父母就感觉无话可说！

看完杨梅这封信，我当即按照她在信纸右下角留下的地址，给她的父母写了一封信。在信中，我给他们讲了发现孩子进步后，及时给予表扬的重要性。并且，为了让杨梅的父母能够了解孩子的心声，我还把她给我写的信，一并寄了去。

我希望这封信，能够使杨梅的父母有所改变，在发现孩子进步时及时表扬鼓励，以促使孩子获得更好的成绩。

感悟点滴

　　孩子都希望得到赏识、受到夸奖。父母了解了孩子这个心理，就要做个教育孩子的有心人。

　　多留心观察孩子，多从纵向去看孩子身上的变化，这样能比较容易发现孩子的进步。而只要孩子有进步，不管与标准还差多远，父母都要及时表扬，这样孩子不但开心，信心、勇气也会随之增加，从而不断地取得进步。

第七章
批评需要有术

一、批评要避免发泄情绪

几天前，在我去学校的路上，看到这样的一幕。一个四五岁大的小男孩，指着商店对身边的年轻女人说："妈妈，我要吃冰棍。"

"就你贪嘴，天生就是一个吃货，不买！"年轻妈妈拉着儿子的手，气呼呼地往前走。

我当时就在想，孩子要吃冰棍，作为妈妈，也不至于发这么大的脾气，如此批评年幼的孩子呀，肯定碰到了不如意的事情。

果不其然，往前走了两步，我就听见年轻女人的手机响了起来，她拿出来使劲挂断。一会儿，手机又响了起来。

她接听后，大声地嚷嚷："打电话干吗，刚才不是气大着的吗？别再打电话烦我了，否则我就把手机关上了。"说完，她挂掉了电话。

"妈妈，爸爸是不是叫咱们回家呢？"小男孩问。

"叫回去也不回去。你要想回，你自己回去好啦！"年轻妈妈牵着男孩的手撒开了，气冲冲地对男孩说，接着就往前走。

"妈妈别生气，我跟着你。"男孩胆怯地看了妈妈一眼，跟在她的身后。

看着这情景，我想起了几年前，爱人做过的类似事情。

记得那是小宇四五岁的时候。有一天，爱人因为工作的问题，挨了老板的批评，因此郁闷。

下班回家后，他依然还有气，一眼看到小宇坐在地上玩，上前一把揪起儿子说："你都多大了，还天天坐在地上玩飞机模型，不知道会弄脏衣服吗？"

由于力气过大，爱人把小宇抓痛了，再加上儿子第一次看见爸爸这样无缘无故地朝自己大发脾气，吓得"哇哇"大哭起来。

　　我当时正在书房，听到小宇的哭声，急忙走出来，问他怎么回事。儿子抽噎着说："爸爸……"小宇看了一眼沉着脸坐在沙发上的爸爸接着说，"我坐在地上，他把我抓疼了。"话音落了，哭声又起，觉得十分委屈。

　　"没事了，爸爸可能是没注意，你拿着飞机到卧室玩去吧。过一会儿，妈妈也去陪你玩。"我哄劝儿子。

　　小宇这才停止哭泣，拿着玩具飞机去了自己的卧室。

　　我走到爱人身边，盯着他问："你今天是怎么了，孩子平时坐在地上玩，你不管，今天为什么看孩子坐在地上，发这么大的火？就是管，也没有你这样管的呀！"

　　爱人本身在单位受了气，心情不好，再加上把儿子抓疼了，他心里也难过，见我这样问，低下头没有做声。

　　我知道他可能有别的原因，就没有再追问，打算等他情绪缓和一些之后，再问个清楚。

　　随后，我便去找小宇，丢下手中的事情陪他玩了好大一会儿，希望通过自己的陪伴，儿子能尽快高兴起来。

感悟点滴

　　有一些父母，在夫妻感情不和、生活、工作中遇到了不如意的事情时，找不到发泄的对象，经常就会拿弱小的孩子出气，看着孩子做什么，都觉得不顺眼，劈头盖脸地批评一通。

　　对于父母来说，自己的不良情绪得到宣泄，心情转好。而幼小的孩子无辜受到责骂，心灵容易受伤，心情也会跟着紧张、焦虑，对孩子的健康成长极其不利。

　　因此，作为父母，不管是自己工作、感情或者生活方面出了问题，还是因为孩子做了错事，都应该控制不良情绪，做到不迁怒孩子，不拿弱小的孩子出气。同时要做到，孩子错了，也尽量不进行发泄情绪式的批评。

可是，生活中为发泄情绪而批评孩子的事情却屡见不鲜。

有一次，我去朋友王红家去，当时她爱人不在家，女儿小灵正在写作业，我们两人便坐在沙发上，一边喝茶，一边聊天。

过了一会儿，小灵把作业写完了，就拿着本子走过来让妈妈检查。王红接过来，还笑着夸赞女儿说："好孩子，做得够快呀！"

可是，看着看着，她脸上的笑容慢慢消失，变得越来越严肃。小灵观察到了妈妈的表情变化，不安地搓着手。

"这就是你做的作业？你自己看看，六道题目，只做对了两道。去，找个本子重做！"王红说着，两只手一使劲，把手中的本子撕成了两半，并把它扔到了女儿的脸上。

我当时看到站起来阻止，但已经太迟。我看到，小灵偷偷瞅了我一眼，又怨恨地看了妈妈一下，眼泪无声地流了出来，哭着转身翻书包找本子，重新做作业。

"就这孩子，一点也不让人省心了。"王红一边这样说，一边给我倒茶。

"谁家的孩子父母不操心？你撕了小灵的本子，还把它扔到了女儿的脸上，你的情绪发泄了，想过孩子没有？小灵有可能做作业没用心，你生气可以理解。但因此撕坏本子并把它扔到女儿脸上，你感觉这是教育孩子吗？解决了问题吗？"

我见小灵走远，压低声音对王红说，生怕孩子听到。

王红本来以为我会附和着她说，没有想到我却说出这番话，她看了我一会儿，叹了口气说："听你这么一说，我还真感觉自己做得不妥当。但是，你知道，刚才看到孩子做错了那么多题，我心头的火就往上冒，这才批评小灵，都成习惯了，也没有想过这么做对不对。听你今天这么一说，我还真发现自己教育孩子有问题。"

"你的问题不只这一点，还有当着外人面批评女儿，这会让孩子没有面子，甚至会因此变得自卑。"

"嗯，我知道了，以后不再这样对待孩子了。"王红点头说。我因为有事，就没有再多停留，起身告辞。

我走时，还一再叮嘱王红一定记着我说的话，不能再随便对孩子进行发泄情绪的批评，尤其不能当着外人。

因为这样做，会让孩子疏远自己，使沟通受阻。我曾经对一个学生这样做过，所以感受很深。

记得那是上个月一个周一的下午，我正在上课，班里有一个调皮的男生，名叫张军，一会儿伸头跟左边的同学说话，一会儿又伸手碰右边的同学一下，还动不动拿脚去踢坐在自己前面的同学。自己不专心听课，还影响周围的同学。

看着他影响上课，我怒火中烧，命张军走出教室，站在离教室门大概一米的地方。这样做的目的，一是想给他一个惩罚，二是为了发泄自己的心头之火。

自从这事发生后，我发现张军对我疏远了许多。以前他碰到我，热情地问好，现在是一瞧见我的身影，提前就躲得远远的。

我开始反省自己，同时站在张军的角度，来想这件事情。

张军这孩子外向，天性调皮，这本身并不是什么缺点。虽然他影响了我上课、其他学生听讲，但我不应该因一时的气愤，就让他站在离教室那么远。这样他不仅听不清讲课的内容，还会被来回走动的老师看到，即便再顽皮的孩子，也可能因此受到打击。

想到了这些，以后，我便接受了教训。不管发生了什么事，自己多么生气，都会尝试着去体谅孩子的心情、处境，再也没用过如此极端的方式去批评、惩罚学生。

感悟点滴

孩子题目做错了，事情没干好，或者在外边惹了祸，发生了这样的事情，父母会生气，有些父母甚至会用打骂孩子来发泄心中的怨气。

父母把气往孩子身上撒，这十分容易，但后果却不堪设想。这样没有解决实际问题，还伤了孩子的自尊。

特别是对稍微大一点的孩子这样，他的自尊受到伤害，人格觉得遭到侮辱，日后就会永远记着这件事。这个结果，恐怕所有的父母都不愿意看到。

最关键的是，父母为发泄情绪批评孩子，就会引起孩子的反感，不愿意与父母沟通。而沟通中断，父母不了解孩子，一切教育也就无从谈起，这个我的体会最深。

上个周六的晚上，女儿小雪跟我说："妈妈，我与几个同学约好了，明天要骑着自行车去郊外玩，行吗？"

"好，去玩玩吧，骑自行车小心点，早点回家。"我知道女儿平时学习紧张，到了周末，理应放松一下身心，因此十分爽快地答应了下来。

第二天早，小雪早早就骑着自行车出发了。

下午，我从咨询室回到家，发现女儿还没有回来，心里就有些不安。在这种忐忑的心情下做好饭，发现小雪依然没有回家，此时天已经黑了下来。

我和爱人在家等得焦急，就出去找了几趟，小宇也在后面跟着，但都没有见到女儿的身影，最后只好又回到家里坐卧不安地等待。

爱人担心女儿，一直来来回回地在屋里走着，不时地站在窗前向外张望。我更是心神不定，怕女儿有什么意外。

就这样，时间分分秒秒地过去，大概到了九点左右，小雪才有气无力地推着自行车进了楼梯口。

爱人看见了，急忙下楼，见到小雪就大声斥责："你干吗去了，玩疯了吧，不知道现在是什么时间了吗？玩也就玩了，连个电话都不打一个。"

小雪看了爸爸一眼，没有吭声，直接上楼放好自行车，走进了自己的小屋。

爱人见女儿不搭理自己，跟在后面还要批评。

我见小雪很疲惫，觉得其中必有隐情，悄悄地推了爱人一下，叫他别再吭声。我呢，就跟着小雪进了屋。

女儿听到了脚步声，回头看了我一眼，没说话就躺在了床上。

"小雪，怎么这么晚才回家呀，我和你爸爸都快着急死了。打你手机，说是关机，是不是手机没电了？这么晚回来，是路上遇到了麻烦吧？"我坐在女儿身边，温和地问她。

小雪点了点头说："我的手机没电了。从郊外回来时还早，到了城里与同学分手后，各自往家走。自行车却不知道怎么了，一下子没气了，想找个地方修，沿途都没有修理铺。我怕你们担心，就找个公共电话打给你们，手机却没有人接。我就一直推着自行车往家走，这才回来晚了。没有想到，爸爸见到我，还那样……"小雪说着，眼圈发红。

听女儿讲完，我知道了事情的经过，这时候我才想起，当初我和爱人着急出去找女儿，都忘记了带手机。同时没有料到，爱人刚才的话对女儿打击那么大。

于是，我急忙轻拍着小雪安慰："你爸爸那样说，是因为太过于担心你，别放在心上。推着车子走那么远，一定累坏了，先躺着休息会儿，我去给你准备饭菜。"

小雪轻轻点了一下头，躺在床上闭上了眼睛。

我走出小雪的卧室，向爱人一五一十地把事情原委说了一遍，爱人拍着脑袋，懊悔不该见到女儿就说出那些发泄情绪的话，伤了孩子的心。

感悟点滴

有时候，看表面是孩子犯了错，但不一定是真有错。父母应该控制自己的情绪，心平气和地与孩子交谈，这样孩子才愿意说出事情的经过，父母才能了解真相。若是父母不问原因，就进行发泄情绪的批评，就会阻碍沟通，更别提教育了。

总的来说，父母因为别的事情生气时，不要拿孩子发泄不良情绪，在孩子犯错的时候，也要控制自己，这样才有机会了解孩子，进而实施教育。

二、批评孩子对事不对人

有一次，同小区的王熙荣碰到我，极力邀请我去她家坐一会儿。我不好推辞，就答应了。

跟随着王熙荣到家后，她把我让进屋里，又是沏茶又是洗水果，十分热情。

我喝着茶，看到家里就她一个人，就问："你儿子小峰呢？"

"他成绩不行，我给他找个家教，他去补课了，这会儿该快回来了吧。"她看了一眼手机上面的时间说。

话音刚落，小峰走了进来。他进屋看到我，先是一愣，接着轻声说了句"阿姨好！"就要往自己的卧室走。

"小峰，我听别人说你们又考试了。补习了这么长时间，这次考得怎么样？"

"和以前差不多，语文刚刚考及格，数学……"

"你长的是不是猪脑子？这么笨！给你请家教补习，也起不了作用。我看就是猪，也会比你强，真让我生气……"

"别说了，孩子没考好，也难过。"我听不下去了，急忙打断她。

"这孩子，几乎每次考试都难及格，给他请了家教老师，看样子也不行。他呀，就是存心不想学。"王熙荣愤愤地说。

"孩子学习不好，你请家教补课我赞成，如果能自己给孩子补课则更好。但是骂孩子，能起什么作用？有可能就是因为你天天骂，孩子听后反感、伤心，才不思进取，成绩一直没有进步呢。"我推测说。

王熙荣听了，沉思了一会儿，突然拍了一下大腿说："我怎么就没有这样想过呢，以前只要看到孩子糟糕的成绩就生气，接着就会骂他，从来没有想过这样做会有什么不良后果。你不愧是老师，想得比较周全。这样说来，儿子成绩不理想，我也有错呀。"

"认识到错误，以后就要改变教育孩子的方式。不管儿子是成绩不好，还是其他事情做得不妥当，针对错误批评，不要对孩子进行人身攻击。那样做侮辱了孩子的人格，他不仅伤心，还容易产生逆反心理，甚至会出现报复的行为呢。"

王熙荣见我说得如此严重，瞪大眼睛仔细、认真地听，接着用力地点了点头说："我知道了，今后一定改变批评孩子的方式，遵照你所说去做。"

我相信，如果王熙荣能真的改变批评孩子的方式，再加上家教的补课，她正确的辅导，儿子小峰的成绩肯定能很快提高上去。

感悟点滴

> 孩子成绩不好，或者做错了事，父母批评，目的是为了提高孩子的成绩，或者让他知道错在哪里，吸取教训，以后不再犯类似的错误。
>
> 但是，许多父母却忽略了这一目的，发现孩子成绩不好，做错了事情，或者有什么不良习惯等，因为气愤，就把孩子骂得一无是处。这种侮辱式的批评，会伤孩子的自尊，其结果不但使交流受阻，还会妨碍教育。

因此，父母批评孩子，一定要做到只对事不对人。不过这说起来简单，做起来其实不是那么容易。我虽然是做教育方面的工作，在教育孩子的过程中，也曾做过类似的事。

记得有一次，我炒菜时，锅铲因为用的时间长了，从头上断了下来，没法再继续使用，我将就着用勺子把菜炒熟。

吃饭的时候，我提到了锅铲坏了的事，并说准备下午去市场买一把。儿子小宇听了，接过话说："妈妈，您别去市场了，我正好去那里要买点东西，顺便捎回来一把。"

"好，你可记着呀，忘记的话咱们晚饭都吃不成菜了。"我提醒儿子。

"妈，您就放心吧。"

我听儿子这样说，就不再考虑买锅铲的事。

做晚饭的时候，我见儿子正在玩刚买回家的陀螺，就问他："儿子，锅铲你放在了哪里？"

小宇听我问，这才想起要买锅铲的事，他惭愧地说："妈妈，不好了，我放学和同学一起去市场转悠，忘记了买锅铲的事情。对不起！"

我当时一听这话就火了，想着在饭桌上一再地叮嘱儿子不要忘记了，他竟然还是没有放在心上，看着他手里的陀螺，我的气更大，冲着儿子嚷："你去市场干吗去了？就是为了买这个陀螺玩？玩性倒大，一点正事都干不了，要你有什么用呀！"

小宇本来忘记了买东西，已经很懊悔，但是听我这样批评他，也来气了，噘着嘴，嘟囔着说："没用就别用我，以后缺少什么你就自己去买吧！我再也不会主动要帮你买东西了。"说完这话，儿子甩手进了自己的卧室，我一下子愣在了原地。

以前，小宇做错了什么，我都会心平气和地针对事情本身提出自己的看法，告诉儿子应该怎么去做，每次他都会虚心听取，很少和我顶嘴。

这一次，我因为着急用，再加上看到儿子买回来玩的东西却忘记了正事，一时没控制住情绪说儿子没用，对他进行了人身攻击，这才引起了儿子的对抗情绪。结果，我们母子两人都窝了一肚子气，锅铲的事也没能解决掉。

我想，如果在开始，儿子告诉我忘记了买锅铲时，我不生气，温和地叮嘱他以后要把事情放在心上，然后再让儿子跑一趟市场，小宇肯定愿意弥补错误，很乐意这样去做。

可惜的是，因为我说了儿子不中用，再叫他去买，料定小宇肯定拒绝，我为这次批评孩子攻击他人身的行为后悔不已。

感悟点滴

> 孩子犯了错误，不管他是有心还是无意，父母怎么气愤，在批评孩子时，都要注意对事不对人。如果父母对孩子进行人身攻击，不仅改变不了已经发生的事实，还会引起孩子的反感，不能有效地帮助孩子纠正错误。
>
> 孩子犯错了，父母应该批评，但始终应该以解决孩子的问题为出发点，这样才能减少和杜绝对孩子的人身进行攻击。

我曾在一本有关教育的书中，看到过这样一个引人深思的故事：

有一个男孩，家里经济条件不好，父母每年只给他添一身衣服。

这一天，妈妈从市场回家，给男孩买回了一身运动服，另外还买了一双运动鞋，回到家后，妈妈对男孩说："穿上我看看合适不合适，不合适再拿去换。"

小男孩很开心，手脚麻利地穿上新衣服新鞋，在妈妈面前转了几圈。

"真是人靠衣裳马靠鞍呀，我儿子穿上这身衣服好帅气！"男孩的妈妈看后点头赞赏。

男孩听了妈妈这话更加高兴，他和妈妈说了声"我出去玩会儿"，便飞快地跑出了家门。结果因为玩得忘情，不小心把上衣右兜口那儿剐开了个口子。

男孩发现后，心里很难过，回到家也刻意用手隐蔽着烂了衣服的地方。

"换上新衣服啦，过来儿子，让我好好看看。"男孩的爸爸见儿子穿着新衣服很好看，招呼他近前自己看看。

男孩用右手护着右兜坏了的地方，小心地走到爸爸面前，低着头不吭声。

"儿子，抬起胳膊，活动一下我看看。"爸爸见孩子站着不动，指导他说。

男孩抬头看了爸爸一眼，抬了抬左胳膊，前后转了一下，右手始终没有离开右兜口。男孩的爸爸看着儿子这样的举止，别扭又觉得蹊跷，忍不住问男孩："儿子，你的右胳膊怎么了，抬不起来？"

"没怎么，能抬起来。"男孩小声说。

"那就抬起来我看看。"爸爸说，但男孩依然不动弹。

男孩的爸爸上前一步，一把把儿子的胳膊抬起，一眼就看见了衣服坏了的地方。

他生气地质问儿子："刚给你买了衣服，就把它剐坏，你是不是欠揍了呀！"说着话，他放下儿子的胳膊，立即抄起笤帚高举起手要揍孩子。

其实，衣服坏了，男孩也很伤心。不过，看到爸爸因为一件衣服要打自己，男孩是更加伤心。

他看爸爸要打自己，没有躲避，而是抬起头对爸爸说："等一会儿再打吧。"说完这话，男孩开始脱衣服，还把那双运动鞋也脱了下来。

爸爸看到他这个举动，有些困惑地问："你干吗要脱衣服，是不是想耍什么花招？"

男孩轻轻地摇了摇头，流着泪说："爸爸，既然你那么心疼衣服，我就把它脱掉你再打，免得衣服遭受皮肉之苦。"

男孩的爸爸听后，高举的手慢慢地垂了下来。

儿子的一席话，一下子点醒了他：衣服再重要，也没有儿子重要啊。

这个故事，给我留下了深刻的印象，也时刻提醒着我，不管孩子犯了多大的错，批评孩子时，都要顾及他的感受，就事论事，尽量不对孩子本身进行批评。

感悟点滴

孩子成绩不好、做了错事，父母批评的目的，是为了改掉孩子的缺点，使孩子越来越懂事，变得越来越优秀。

要想达到这个目的，父母一定要记住，不管孩子犯了什么样的错误，批评的时候，要做到对事不能对人，不能眼光只盯着孩子做错的事上，应该把时间与精力多用在正面引导上，这样才能有效地帮助孩子纠正缺点、改正错误。

三、批评孩子点到为止

上个月，有一位母亲，带着六岁左右大的女儿到咨询室找我，一进门她就说："我女儿从两岁开始总是喜欢啃手指，小时候我觉得正常，就没有在意，没有想到女儿逐渐长大，依然如此。我见女儿这样就批评、说她，可两年过去了，就是不见效。孩子这个毛病一直没改掉，实在没有办法了，我才来找你。你看看，能不能帮我去除孩子这个毛病？"

我听清楚了怎么回事，转脸问女孩："孩子，你认为啃手指好吗？"

小女孩低着头回答："不好。"

"知道不好，想过改正吗？"我问。

"想改。"女孩回答，依然不抬头。

"那你有决心把这个毛病改掉吗？"我再次问。

这一次，小女孩抬起了头，她先看了妈妈一眼，又转脸看向我，小声说：

"李老师，我啃手指头，已经有很长时间了，有时候把手指放到嘴里，自己都没有意识到。可是，妈妈每次只要看见，就会批评我，有时候还骂我。我反感妈妈这样对我，有时候，就有意识地与她作对。"说完这话，小女孩做了一个把手指放到嘴里的动作，来表达自己作对的意思。

"好呀，你这孩子，长出息了是吧。原来不是改不掉，是故意和我作对呀，看我……"妈妈也听到了女儿这些话，十分生气，情绪失控地抬手就要打女儿。

"别这样！"我急忙上前拉住她的胳膊，并把她叫到外面。

"这孩子，太让人生气了！"女孩的妈妈嘴里嘟囔着说。

"你先消消气，好好想一想孩子的话。是不是因为你总是批评孩子，才导致她产生抵触的情绪，有意跟你作对。如果你继续采用以前的方式，看到女儿啃手指就批评，甚至是打骂，那么孩子的状态有可能会更加糟糕。"我劝她说。

"那你说我该怎么办呀？"

"孩子从小形成的啃手指的习惯，不是一朝一夕就能改掉的，有时候是下意识的行为，孩子自己那样做却不自知。所以，你看到后，只要提醒，点到为止就行了。刚才你也听到了，孩子自己也想改掉这个毛病。你提醒后，孩子知道了，会有意识地去纠正。我相信，不久孩子这个坏习惯就会改掉的。"

听我这样说，女孩的妈妈笑了起来，带着女儿回家了。

前几天，女孩的妈妈给我打来电话，高兴地说："我女儿啃手指的毛病现在基本上算是纠正过来了，谢谢你啦！"听着她欣喜的声音，我也发自内心地为她们母女高兴。

感悟点滴

孩子有了错误，父母应该批评，但不能抓住不放，一直批评个没完，甚至对孩子采取骂、打的方式，以为这样孩子就会接受教训。

恰恰相反，父母如此做，孩子的自尊受到伤害，会有意暗地里与父母作对，甚至会公然反抗。这样两代人之间沟通受到阻碍，教育效果也就无从提起。

一个周六的下午，表妹带着女儿小黎到我家玩。当时我在咨询室，家里只有小雪和小宇陪着她们。

小雪给我打电话，说表姨去了，我便提前回了家，开始准备晚饭。

表妹吃过晚饭要走，我想到爱人杨凯出差了，家里有地方住，而且还没有来得及和表妹好好聊一聊，因此极力挽留。

小黎与小雪和小宇玩熟了，也愿意留下来，表妹便答应了。

我洗了一些水果，放在桌子上，和表妹坐在沙发上，边吃边看电视聊天。小黎玩了一会儿，困了，说要睡觉。

表妹就带着小黎到卫生间洗漱，然后把她送到小雪的床上。

经过方桌时，小黎看妈妈没有注意自己，就悄悄从桌子上拿了两个糖果，放在了口袋里。她接着紧走几步，上床快速地脱掉外衣，钻进了被窝里，还假装已经有了睡意，做出轻微的鼾声。她想用此方式，让妈妈早一点离开房间，自己吃糖果。

而事实上，小黎拿糖果的行为，表妹都看在了眼里。她走到床边要掀被子，小黎用力地压住被角，一边悄悄地把糖果转移到了枕头下。

结果，表妹虽然打开了被子，却没有找到糖果，她喝问小黎："糖果放在哪里了？你怎么一点都不长记性，牙现在不疼了是吗？依我看呀，嘴这么馋，疼死你都不亏。快点说，你到底把糖果放在哪里？"

听妈妈这样说自己，小黎索性用被子蒙着头，躺在被窝里，一动也不动。

表妹生气了，硬把被子掀起来，发现女儿此时已经满面泪痕。

表妹看了虽然心里难受，但她不愿放弃，又接着把被子撩起来翻找。

"给你！"小黎一下子坐起身，从枕头下拿出糖果，扔在了地上。

这下子惹火了表妹，她上前就要打女儿。

我听到屋里嚷，急忙进来，见此情景，我问："这是怎么啦？"

"我妈妈不让我吃糖，不让吃就不让吃，还数落个没完，说我嘴馋。小孩子谁不爱吃呀？"小黎流着泪委屈地诉说着。

"小黎，姨能理解你。不过，你妈妈刚才不让你吃糖果，我听说是因为你牙疼，吃糖容易坏牙，特别是晚上。她是为了你好呀。"我上前劝慰小黎的同时，替她的妈妈说好话。

"是为我好，直接说不就行了。为什么又讲我嘴馋、不长记性，还说要疼死我……呜呜……"小黎说到这里，感觉到委屈，又哭了起来。

表妹听后，也觉得自己说得有些过分，没有反驳，转身走了出去。

我又哄劝了小黎一会儿，她的情绪才稍微平息。我安排她睡下，走出卧室找到表妹说："小黎刚才说得没有错，你看见她拿糖果了，直接告诉孩子说不能吃，吃了牙会疼，这样点到为止，孩子有可能就会愉快地主动把糖果拿出来。可是，你刚才说了那么多难听的话，却弄得都不痛快，也太不值得了。"

表妹听着，不时地点头，表示对我话的赞同。希望她能接受这次的教训，今后在批评孩子时避免如此。

面对孩子的缺点、毛病、错误，父母应该做到点到为止，给孩子留足面子，尤其是对大一点的孩子，更应该这样。

我曾看到过一位父亲，就很会处理儿子所犯下的错误。

记得那一天，我下班回家后，因为做饭还有点早，就带着小宇下楼，准备去小区的广场玩。在我们前面，有个大概十一二岁的男孩，踢着足球往前走。

开始时没使多大的劲，球踢不了多远。后来他一时起兴，抬起一脚，足球一下子飞了出去，落在一个卖西瓜的摊位上，把西瓜砸掉在地上，烂了。

男孩远远地看见傻眼了，他不敢上前，朝后张望。

这时候，一个中年男子从我们后面跑了过去，到了男孩面前站住说："我刚才在后面看见你把球踢出去了，是不是闯祸啦？"

男孩点了点头，指着前右方的西瓜摊位说："爸爸，球在那里，把西瓜砸坏了。"

男孩的爸爸顺着儿子手指的方向看去，西瓜摊贩是一位五十多岁的男子，他正手拿着球，到处张望着找肇事者。

"好汉做事好汉当，儿子，事情既然出来了，就要勇敢面对。"

听爸爸这样说，男孩使劲儿点了点头，他走到西瓜摊位面前说："伯伯，对不起。刚才我踢球时不小心，把球踢到了这里，砸坏了西瓜。"

这时候，男孩的爸爸上前一步说："真对不起，孩子贪玩，踢球碰坏了西瓜。西瓜多少钱一斤，坏了多少我们赔。"

卖西瓜的人见他们这对父子态度如此好，呵呵一笑说："也没有坏多少，掉在地上一个，摔裂开了口，没事！"说着话，把球递给了男孩。

"儿子，把那个摔裂口的西瓜捡过来，爸爸再挑选一个，有段时间没吃西瓜了，咱们买两个回去好好享受享受。"

摊贩没想到坏事反而促成了生意，高兴地接过西瓜给他们秤。

男孩的父亲付过钱，手提着两个西瓜往家走。男孩也没有心思玩了，跟在父亲的后面愧疚地说："爸爸，我错了，不该在那个地方踢球。"

"知道了就行啦！你玩去吧，我把西瓜送回去。"男孩的爸爸温和地说。

"爸爸，放心吧，我今后一定注意，再不会发生这样的事！"男孩信誓旦旦地说，他的爸爸笑着点头。

男孩开心地转身，这一次，他一直是抱着球往前走。

我看到这儿，暗自佩服男孩的父亲会教育孩子。

感悟点滴

父母批评孩子的目的，主要是为了让孩子认识错误、改正错误。如果孩子已经知道所犯错误，父母就没有必要再深批评。

特别是对大一点的孩子，更需要这样去做。因为年龄稍长的孩子，做错了事能自知，而且自尊心比较强。这样的孩子犯了错，父母不必多说，尤其是当着别人，点到为止就行。给孩子留足面子，孩子会感激父母，进而才会积极地接受引导、教育。

四、批评需注意时间和场合

一个周日的中午，爱人的妹妹杨华带着女儿小枫到我家，因为提前没说，我上午去了咨询室。

爱人就给我打电话，说杨华去了，小枫爱吃茴香馅的饺子，叫我回来时从市场买些肉和茴香回家。

我答应着，眼看临近中午，送走最后一个来咨询的人，我急忙赶到市场，买了肉和菜之后，又往家赶去。

此时，杨华已经动手和好了面，见我回来，笑着说："嫂子，来时没有提前打招呼，临时让你这么忙活，真是过意不去！"

"都是一家人，说什么两家话呀。"我笑着把肉和菜递给她说。

杨华也就不再客气，接过肉菜，拿到厨房，开始忙活了起来。

她择菜，我剁馅，接着她负责擀皮，我管包饺子……两个人手脚麻利，很快饺子就出了锅。我端出去喊："吃饭啦！"

"吃饺子了、吃饺子了。"小枫正和小宇玩着，听到我喊，又见桌子上的饺子，立即停下来，一边往桌子跑去，一边说。

爱人、小雪也从里屋走出来，坐在了桌子旁。

"小宇哥哥，快点来，坐这边。"小枫拍着身边的凳子叫小宇。

"好，哥哥这就收拾玩具，马上过来。"小宇把玩具放好，洗完手坐在小枫的旁边。

小枫爱吃茴香菜的饺子，她把一个饺子整个放在嘴里，鼓着腮帮子一边嚼，还一边嚷："真好吃！"

说着话，她从自己碗里夹起一个饺子，往小宇碗里送。

小宇不爱吃别人碗里的饭，就端着碗往一边躲。

"小枫，你哥哥碗里有饺子，你的自己留着吃吧。"杨华急忙劝阻女儿。

"不，我就要给哥哥吃。"小枫说着话，伸着胳膊去够小宇，身子碰到了桌子边上的碗，"哗啦"一声掉在地上，饺子撒了满地，碗也摔破了。小枫这下傻眼了，她呆呆地看着我们，不敢再吭声了。

"小枫，我怎么说你就不听呢，把碗打碎饺子弄撒了才舒服啊，午饭就别吃啦。"

"哇"的一声，小枫大哭了起来。

杨华不理女儿，自己继续吃饭。

我和爱人急忙去哄劝，小雪重新给小枫拿了一个碗，盛了一些饺子，放到她面前，劝小枫吃。

小枫挨了批评，虽然十分喜欢吃饺子，可再也没有心情，无论我们如何哄，她就是不再动筷子。我急忙朝杨华使眼色，让她来哄劝女儿。杨华其实看着女儿哭更心疼，就俯下身哄女儿。但不管她怎么劝，小枫脾气很犟，就是没有再尝一口，还一个劲地哭。

那一顿饭，因为杨华在饭桌上批评女儿，我们所有人吃得都很别扭。

而打着小枫的旗号包茴香馅的饺子，她却只吃了一个。

杨华后悔批评了女儿，我看着孩子伤心成那样，心里也跟着难过。

感悟点滴

孩子做错了事，父母批评孩子，要注意避开特定的时间，尤其是吃饭的时候。孩子即便在这个时间段犯了错误，父母也尽量不要在吃饭时批评孩子，因为这样孩子难过，会拒绝吃饭，即便吃饭，也会影响食欲。

同样地，父母还要避免在早上以及晚上临睡前批评孩子，这样做都会严重影响孩子的心情，有损孩子的身心健康。

父母批评孩子，还应该避免特定的场合，尤其当着别人，父母尽量不要批评孩子。否则，孩子很容易变得自卑。

记得有一次，我去市场买菜，在路上碰到了朋友王红，她带着女儿小灵正要去公园玩。

我们俩寒暄过后，王红拉着身后的女儿说："小灵，快叫阿姨。"

小灵抬头看了我一眼，急忙又低下了头，一个劲儿地向后缩。

"小灵，过来让阿姨看看，才几天不见，就不认得我了吗？"我说着，朝小灵走去。

她再次抬头看我，两人目光接触的刹那间，小灵又迅速地低下头，朝后退了一步，无奈之下，叫了声"阿姨"，声音小得几乎听不见。

见小灵这样，我十分困惑，因为上次去她家时，小灵看见我，还十分亲热，没用妈妈说，就主动上前热情地和我打招呼。

想到此，我突然回忆起当天发生的事。那一天，小灵因为作业做错的多，王红当着我的面，不仅把本子撕碎了，还扔在了小灵的脸上。

这件事情，我当时很快忘记了。若不是看到小灵这样的神情、状态，恐怕一时半会儿难以想起。她是因为妈妈在批评自己，我当时在场，已经有自尊意识的小灵，再次见到我，觉得很没有面子，又有些自卑才如此。

我明白了小灵这样做的原因，因此不再追着她说话。

可是，王红不理解女儿为什么这样做，嗔怪道："小灵，你这孩子，怎么越长越没礼貌了，怎么……"

"王红，你过来一下。"我打断她的同时，拉着王红往前走了几步。

"这么神秘？你要说什么呀？"王红好奇地问。

"你别当着别人面批评孩子了，你知道她现在为什么见了我往后躲吗？就是因为你上次当着我的面，撕孩子的本子又扔到她脸上导致的。孩子自卑，感觉在我面前颜面尽失，见到我才不好意思说话。你现在还这么做，那么孩子以后就会变得更加自卑了。"

"啊？这样呀。"王红回头看了女儿一眼，有些懊悔地说，"记得你上次提醒过我，让我以后避免当着别人面批评孩子，你看我，就是不长记性。下一次，我一定会注意。"

见朋友已经意识到自己的错误，我不再多说什么，走回来，笑着和小灵说了声再见，告辞买菜去了。没走多远，我还悄悄地回头。

就听王红对女儿说："走，小灵，妈妈今天带你去玩你最喜欢的过山车，好不好？"

小灵听了，脸上浮现出笑容，蹦蹦跳跳地跟着妈妈走了。

看到这一幕，我十分开心。希望小灵能尽快走出上次挨批评的阴影，真正开心起来。

感悟点滴

孩子如果犯错时，有外人在场，父母尽量用暗示或者手势、神情等无声的语言提醒孩子，即便孩子没领会，父母也应该在私下里再对孩子进行批评、教育。

否则，父母当着外人的面批评、指责孩子，不仅导致沟通中断，亲子关系疏远，有可能还会使孩子变得自卑，甚至于孩子因为丢了面子，即便明知道自己做得不对，也有可能会公然与父母作对，往往会使父母也陷入尴尬之地。

这样的场面，我曾经亲眼所见。

我所带班级里，有一个名叫王峰的学生，他个子比较高，身体也长得壮实，因为体力占优势，他经常动不动就揍同学。

有一回，王峰因为一点小事，与自己的同桌发生了口角，一怒之下，拿起板凳去揍那个同学，板凳腿碰到了那个学生的头，当时就流血了。

我和学生一起，把那名受伤的孩子送到学校的医务室。包扎好之后，我打电话给王峰的爸爸，叫他来学校，并把事情的经过告诉了他。

王峰的爸爸听后，十分生气，不由分说，上前就踢了王峰一脚，嘴里还骂着："不争气的东西，天天给我惹事。"

见此情景，我急忙上前去拉，同时看了一眼王峰，发现他正在看我，同时上前一步，来到爸爸的面前，仰着脖子说："来，继续打啊，厌烦我是吧，那就把我打死好啦。"

王峰的爸爸没有想到儿子给自己来这一手，他气得怒目圆睁，伸手想打，最终没有下手，垂头丧气地低下了头。我觉得，他一是舍不得，二是担心真的惹恼了儿子，怕他做出傻事。他很后悔当着我的面踢了儿子那一脚。

但事已至此，后悔也晚了。

由此可见，父母在批评孩子时，一定要注意场合，最好不要在外人面前或者当众批评孩子。

我知道这样做的不良后果，不仅要尽量避免这样对孩子，对待我的学生更是如此，并因此取得了意想不到的效果。

记得有一次，我正在上课，班里有两个学生，不知道因为什么事争吵了起来。我问他们争吵什么，两个孩子各说各的理，争着讲对方的不是，情绪十分激烈，甚至还有要打起来的架势。

我知道，如果此时处理这件事，不仅会耽误上课的时间，而且两个孩子都正处在情绪激动时刻，教育也很难收到效果。

于是我说："好了，这事暂且不提，不管谁对谁错，先把课上完。放学后，你们俩到我办公室，再讲清楚刚才发生的事。"

放学后，我在办公室等着两个孩子。他们俩如约进了我的办公室，低着头，已经没有了课堂上盛气凌人的架势。

我指着两个凳子，先让两个学生坐下，然后才问他们："我先不说你们谁对谁错，在课堂上争吵，耽误老师讲课，影响全班同学听讲，你们觉得对吗？"

两个孩子耷拉着头，异口同声说："老师，我错了。"

见他们态度有了很大的转变，我接着问他们吵架的原因。两个孩子争着说自己的不是。高个子学生说："老师我错了，不该往他那里扔纸团。"矮个的学生听了，急忙接过话说："老师，我也错了，不该把扔过的纸团又给他扔了回去。"

见两个孩子争着承认错误，我很欣慰，让他们把刚才对我说的话朝对方再说一遍。两个孩子听话地面朝着对方，高个子男生先说："对不起，我不该往你那儿扔纸团。"

他的话刚落音，矮个的男生就说："我更不该把纸团给你扔回去，真对不起！"

两个人讲完这话，相视而笑，课堂上产生的矛盾，转眼之间烟消云散。

感悟点滴

孩子不管大小，都有自尊，都要面子，都不愿在他人面前丢人现眼。

父母当着他人面，对孩子进行骂、打，孩子的尊严扫地，面子尽丢，很容易就会对父母心生怨恨，产生逆反心理，甚至公然顶撞。而孩子在情绪激动时，也往往会比较冲动，不服管教。父母可以给孩子留一段缓冲的时间，这样一来可以帮助孩子反省自己，二来孩子的情绪也能得到缓和。此时父母再对孩子批评教育，就容易收到效果。

因此，父母批评孩子，一定要避开特定的时间和场所。在孩子的情绪得到化解，父母维护孩子颜面的基础上，他才会愿意与父母沟通，乐意听从父母的引导，积极地改正错误。

五、把指责变成引导

自从我开办咨询室以来，来找我咨询的家长和孩子无数。其中，前段时间来咨询的一位姓张的女士，给我记忆尤为深刻。

不是这位张女士有什么特殊之处，主要是因为她所犯的错误，许多父母包括我也时常会那样做，因此感触很深。

上个月，这位张女士来找我咨询，她满面愁容，心事重重。见了我只是不停地唉声叹气，不知道该如何开口。

"有什么事，尽管说。"我以为她有什么事难以启齿，鼓励说。

"我女儿呀，现在刚考上重点一中，就说不想在那里上学了，要转学……"刚说到这儿，张女士眼圈发红，看样子眼泪随之就要流出。

"孩子要转学，肯定有原因。你问过孩子是为什么吗？"我紧接着问，担心她因为伤心流泪，又得花一会儿时间安慰才能继续。

"问过。女儿说同学之间不太好相处，而且个个成绩都非常棒，自己在学校感觉压力很大……"

"刚进入一个新环境，无论是学校还是同学、老师，彼此都不熟悉，再加上所有的同学成绩都很好，孩子自然会有压力，这很正常。"我说。

"是呀，当时我也这样想，同时想到女儿好不容易考上重点一中，眼看着就能进大学的门，她却说要转学，因此更加生气。我指责女儿毛病多，批评她为什么别人能够积极主动地去适应，自己却想着后退。没有想到，这话竟然惹恼了女儿，她非转学不可，否则就不去上学了。实在没有办法，我这才找到你，帮我想想办法吧。"张女士看着我，近乎哀求着说。

"其实呀，我觉得，你女儿最初说要转学，可能只是向你发发牢骚，想得到你的安慰、指点。是你的责备，堵住了孩子不良情绪的出口，才使她进一步决定要转学。"我解释说。

"啊！那这可怎么办呢？"张女士听了十分后悔，担心地问。

"我想，你女儿好不容易考上重点一中，肯定也不愿意轻易转学。你回家之后，表示对女儿在学校遇到困惑的理解，并引导着她逐渐去适应新环境。我觉得，你女儿适应环境后，不会再坚持要转学的。"我建议说。

张女士有点儿担心地说："我怕女儿还坚持自己的意见！"

"我觉得不会有事，要真是出现那样的情况，你带着孩子来找我。"我信心十足地说。

张女士这才高兴地离去。

大概过了一个星期，张女士又到了我的咨询室，这次来脸上一直带着笑容。不用问，我就知道她的女儿不再要求转学了。

感悟点滴

> 孩子说什么话，要做什么事，父母如果觉得不妥当，不能因为生气，不问清楚就责备孩子。这样只会阻断沟通，使事情朝着不良的方向发展。
>
> 面对这种情况，父母首先应该仔细问明孩子这样说、这样做的原因，并在某些方面表示对孩子的理解、认同。由于在心理上与孩子产生了共鸣，父母才更容易说服和引导孩子要做或者不要做什么事情，从而达到改变孩子的目的。

可是，生活中有许多父母，却遇到这种情况，首先总是想着责备孩子，包括我也是一样。

一个周六的中午，我从咨询室回到家，准备做饭，途经小雪卧室的时候，赫然发现她竟然躺在床上看书。

因为我的眼睛近视，饱受戴眼镜之苦，因此从小就注意两个孩子的用眼卫生，一再叮嘱他们不能躺着看书，不能半个身子趴在桌子上写字，经常做眼睛保健操等等。

没有想到，小雪竟然趁我不在家，躺在床上看书。

我有些生气了，使劲儿敲了一下开着的门问："小雪，干吗呢？"

女儿一见我，立即坐了起来。

"妈妈，我没有干吗呀？"小雪跟我装糊涂。

见女儿这样，我更加生气地说："平时，我是怎么叮嘱你的，叫你不要躺着看书，离开书本一定的距离……以前没见过你这样，今天你是怎么啦？是不是平时我不在家时，你都是这样，经常躺在床上看书？"

小雪见我这个态度，抬头看了我一眼，又重新倒了下去，还把头扭向墙，对我的问话置之不理。

说实话，我当时真想把女儿硬拉起来，逼着她回答我的问题。但我还是控制住了情绪，没有再多说什么，转身走出小雪的房间去厨房做饭。

吃饭的时候，我像往常一样，喊小雪。女儿知道惹我生气了，吃饭时一声没吭，一个劲儿地低着头吃饭。

洗刷好碗筷，我去敲女儿卧室的门。

小雪开了门，回身走到床前，坐了下来。

我跟进去，挨着小雪坐下说："女儿，今天中午你躺在床上看书，妈妈担心你把眼睛弄近视了，这才着急。你能理解妈妈吗？"

小雪看了我一眼，点了点头，轻声说："我今天是因为写字累了，觉得躺着看书舒服一些，就躺了一会儿，平时没有这样过。妈妈，您就别担心了，就躺在床看一次书，也不会把眼睛看近视的，是吧？"

"一次虽然不会近视，但是躺习惯了，就该总想着躺在床上看书啦。妈妈担心你有了第一次，就有第二次……"

"妈妈，我明白了。您放心吧，以后，我不会躺在床上看书啦。"小雪信誓旦旦地说。

"好！我相信女儿说到一定能够做到。"我再一次强调。小雪郑重地点头。

看女儿这样，我才放心地走出小雪的卧室，去了咨询室。

感悟点滴

> 孩子出现了小缺点、小毛病，父母看了生气，就会指责孩子的不是。这样做往往引起孩子的反感，哪怕明知道父母是为自己着想，也不会心悦诚服地接受父母的批评，因此难以收到良好的教育效果。
>
> 遇到类似之事，父母要先表达自己对孩子的关心，进而告诉孩子这样做的危害，最后引导他如何正确去做，这样孩子才会乐意听从。

有一次，我去一个商店买东西，在门口遇到一位年轻的妈妈和一个四五岁的小女孩，这对母女之间的对话，引起了我的兴趣。

妈妈从女儿手中拿过一板贴图问："这个，是从哪儿来的？妈妈记得没有给你买贴图呀。"

小女儿看了一眼贴图，低下头，没有吭声。

"是刚才从商店里拿的吗？"妈妈见女儿不说，进一步具体地问。

小女孩抬头看了一眼，依然没有吭声。

"告诉妈妈实话，我不会批评你的。"妈妈解除了女儿心中的顾虑。

"这个，是从那儿拿的。"小女孩子指着商店说。

"要是你的东西，被人这样拿走了，心情会怎么样？"妈妈问。

"我会难过，哭泣。"小女孩小声讲。

"你把别人的东西拿走，是不是别人也会难过呢？"妈妈继续问。

"是的。"小女孩低着头答。

"那么，你认为自己这样做得对不对？"妈妈不放松地追问。

"不对。"女孩头耷拉得更低。

"为什么不对？"妈妈再次追问。

"拿别人东西是不光彩的，还会让妈妈生气。"小女孩说。

"以后还这样做吗？"妈妈再次问。

"不会了。"女孩头摇得像拨浪鼓。

"那现在，该怎么去做？"妈妈问女儿。

"我把贴图还回去。"小女孩子抬起头对妈妈说。

"好，就按照你说的去做。走，咱们把贴图还回去。"年轻妈妈拉着女儿的手，一起又走回商店。

看到这情景，这个结果，我情不自禁地笑了。佩服这位年轻妈妈教女有方，在她发现女儿偷拿了商店的物品后，没用一句责备的话，却引导着孩子不仅认识到了错误，还知道了如何去做。

感悟点滴

> 孩子，尤其小一些的孩子，做错事也不自知，或者意识不到那样做会有哪些不良后果。父母此时如果劈头盖脸就批评，孩子除了茫然、伤心外，不会起到其他正面作用。
>
> 如果父母采取引导的方式，一步步让孩子认识到这样做的危害，那么，孩子在愉快的心情下，愿意与父母交流。通过愉快的沟通，孩子知道了该怎么去做，就会积极地改正错误，因此能收到良好的教育效果。

六、要给孩子申辩的机会

几天前，我下班后，想到很久没去同学张茜家了，就去了她那儿。还没进门，就听见她在屋内批评儿子："今天又回来这么晚，是不是又去玩游戏了？！我看你真是死不悔改啊！"

"妈妈，您冤枉我了，我没有去玩游戏……"

"不要再狡辩了！说了我也不信。"张茜打断儿子的话。

听到这儿，我急忙敲门，张茜停止训斥儿子来开门，看见是我，她不好意思地请我进去。

"又训斥孩子呢？"我说着走进屋。

张茜苦笑了一下说："这孩子，玩游戏瘾头太大，几乎每天放学后，都去游戏厅。"

"我刚才好像听孩子说，他没去玩游戏？"我试探性地问，想让张茜给孩子解释的机会。

小涛会意，朝我投来一个感激的眼神，立即抓住这个机会，为自己申辩说："妈妈，我今天回家晚真是因为补课了，你要是不信，可以打电话问问我的班主任。"

张茜见儿子说话时面色严肃，一点都没有撒谎的意思，意识到自己可能错怪了孩子，随口说："没去就好！"

"不仅这次我没玩游戏，还有好几次，您也都是冤枉了我！"小涛抓住这个千载难逢为自己争辩的机会，继续说。

"你说的是真的？"张茜不相信地问。

"当然是真的！可是，您一看见我回家晚了，就想当然地认为我打游戏去了，不停地批评我。我刚要开口解释，你就拿话堵，我根本就没有机会解释。再说了，我对游戏才没有您想象中那样痴迷呢。"

张茜听了儿子这话，认真且仔细地盯着他看了一会儿，确认儿子说的是真话后，她脸上逐渐露出了笑容。看到这样的结果，我也开心地笑了起来。小涛看着我们笑，也摸着头不好意思地笑了。

看着张茜冤枉了儿子，我想到了发生在自己身上的一件事。

我小时候，个子高，头发短，不仅外表一看像个假小子，而且性格，也与小男孩差不多，经常与别人打架。

妈妈多次劝说，我答应不再和别人打架。

有一次上学，我发现堂妹被一个大男孩欺负，便上前阻拦，结果与那个男孩打了起来，胳膊上还被他挠了好几个长血印子。

回到家，吃饭的时候，妈妈无意间看到我伸出的胳膊上有伤，就大声地呵斥我："你到底长没长耳朵，跟你说过多少遍了，不要和别人打架，你怎么就是不听呢。"

我小声辩解说："妈妈，我没想和别人打架，是因为……"

"打架就打架了，还找理由？你太让我失望了，我让你好好长长记性！"妈妈说着，拿起身边的笤帚，朝我身上就打。

见事情不妙，我身子一闪，拔腿就跑。妈妈不肯放过，就在后面紧紧追我。

我直接跑到婶婶家，想让堂妹给我做证明。妈妈也气冲冲地追到了那儿，婶婶出来急忙拦住妈妈问："嫂子，你为什么打孩子呀？"

"孩子不听话，又和别人打架了！太气人了。"妈妈摇头叹气地说。

"嫂子，你这次可冤枉孩子了，她是打架了，这次是因为妹妹受别人欺负才与人打架的。"接着，婶婶把堂妹跟她说的情况，又对妈妈讲了一遍。

这时候，妈妈举着笤帚的胳膊才放了下来。她深深地叹了一气说："唉！我刚才没有听完孩子的话，这才错怪了她。"

自从发生了这件事后，妈妈就注意给我解释的机会，因此冤枉我的时候也少了。

很多时候，许多父母，常会根据以往经验去判断孩子做的是对是错，武断地责备孩子，还不愿听孩子解释，认为孩子是在为自己开脱，结果孩子就有可能会被冤枉。

感悟点滴

因此，父母面对孩子犯下的错误，无论多么生气，都要给孩子一个解释的机会，这样才能了解事情的真相，从而避免错怪了孩子。

事实上，孩子如果不是无理取闹，而是把自己心中的想法说出来，或者把事实的真相说讲出来，这倒是一件好事，能够帮助父母更多地了解孩子，从而更有效地教育孩子。

表妹前几天打电话，跟我说起错怪女儿的事，让我感触颇深。

她说："昨天，我去给花草浇水时，却发现每个花盆内，水都是满满的。我看了十分生气，因为许多像杜鹃、仙人掌之类的花草，是不能浇太多水的，否则根子泡坏了，花也就死了。"

"那是谁浇的水呀？"我听到这里，好奇地问。

"你妹夫从来都不会摆弄这些花草，我想这事肯定是小黎做的。就找女儿问，果然是她给花浇的水。"表妹叙述着。

"你批评孩子了吧？"我问。

"批评了，但是后来又后悔了。"表妹放低了声音说。

"怎么着，你批评错了？"

"是呀，我当时一看花盆里那么多水，怕花死掉了，得知是女儿给花浇的水后，我十分生气，批评她不该多管闲事。女儿想向我解释什么，我也没有给她机会，批评过后就转身走了。那天女儿一直都不太高兴，我跟她说话，小黎也是爱答不理的。后来，我想着自己可能批评得有些过分，就去问女儿，为什么想起了浇花。"表妹说到这里，停了下来。

"小黎怎么说？"我好奇地问。

"她说：'妈妈，我是看您每天给花浇水辛苦，爸爸又不帮助您。就想着一次给花多浇一些水，就省得你天天浇了。'当时，听到女儿这话，我感动地流下了眼泪。女儿如此懂事、孝顺，一心为我着想，我却还批评她，现在想起来依然有些心疼。"表妹幽幽地。从她的话语中，我能感觉到她十分后悔错怪了女儿。

"好在后来你给了女儿解释的机会，知道了她这样做的目的。否则，孩子肯定会伤心很长时间。再也不会帮你为花浇水了。"我说。

"是呀，在得知女儿是为了帮我才去浇花时，我当时就向女儿道了歉，并指导她什么花应该怎么浇，浇多少水等。小黎高兴地听着，说以后还会帮着我浇花，下次肯定不会随便乱浇了。"

表妹讲完这件事，又深有感慨地说："以后，可真不能不问青红皂白地就随便批评孩子了，那样容易冤枉孩子，阻碍沟通，还会使亲子关系受到很大影响。"

我十分赞成表妹的这种做法。

感悟点滴

父母在批评孩子的时候，往往会比较主观，因此常常批评得并不是完全正确，或者言过其实。如果孩子比较内向、胆小，就是感觉到委屈，也不敢表达出来。

这时候，父母应该主动给孩子一个申辩的机会，鼓励他把自己心中的话说出来。孩子把话说出来，父母因为了解了孩子，沟通才会更加顺畅。而孩子压抑的心理就会变得舒畅，这有助于孩子心理健康地成长。

其实，我也曾错批过孩子，只不过发现得及时，主动给了孩子解释的机会。

记得小雪六岁左右的时候，一天吃过晚饭，我收拾碗筷去洗刷，小雪也凑上前说："妈妈，我帮您。"

我知道女儿会越帮越忙，但不想让她的积极性受挫，就随手递给女儿一个空碗，让她拿到厨房去。

小雪高兴地接过碗，我便收拾剩下的碗、盘和筷子。

"哗啦"一声响，小雪没走几步，手里拿着的碗就掉在了地上，摔成了两半。

我有些生气，走上前批评女儿："小雪，你是怎么搞的？拿着碗却把它摔坏？"

女儿嘴张了张，想说话，但最终又闭上了嘴巴，咬着下嘴唇，没有说话。

我注意到女儿这些细微的表情，感觉她有话说，虽然生气，还是鼓励她说："小雪，你觉得妈妈批评错了吗？那就说出来听听。"

"碗是我摔坏了，因为它太滑了，从我手中溜了下去，不是我有意把它摔坏的！妈妈，我是真想帮你干活，真不想把碗打破啊！"小雪有些委屈地解释说。

听了这话，我觉得自己刚才的话有些过分了，于是上前抱了一下小雪："好啦，妈妈知道了。下次你再帮妈妈拿碗时，小心点就行了。要不然，碗都摔坏了，咱们就没法盛饭吃了。"

小雪点了点头，十分懂事地弯腰去捡地上的碗片。我也急忙蹲下身，与小雪一起拾。她抬头看了看我，笑了。

这一次，小雪欲言又止的情形，一直留在我的脑海中。以后再遇到类似之事，我都会给她留出解释的机会。不仅如此，在日常生活中，我也会有意识地引导她多表达自己的想法。

举例来说，平时我穿衣服的时候，要是小雪正在身边，我就会问她："女儿，看妈妈这件衣服穿上好看吗？你觉得如何搭配好呢？"小雪听了，像个行家似的仔细看上一会儿，然后又让我换上几件衣服她观察比较一下，最后才慎重地说出自己的看法与建议。

我呢，为了鼓励小雪，只要不是出席正规的场合，都采纳小雪给我的建议，穿她为我挑选出来的衣服。

再比如，周末我们要去哪里玩，我也会问小雪，她想去哪里？为什么要去那里？女儿就会把自己知道的都说出来，然后我再告诉小雪那个地方她所不知道的景点，并按照女儿的意愿带她去那个地方玩。

因为在生活中，我时时处处有意识多给小雪说话的机会，并尽可能地引导小雪讲出自己的观点，一段时间之后，我发现小雪不但思维活跃多了，而且在语言表达方面，也比以前强了许多。

感悟点滴

父母给孩子多一些说话的机会，不仅能够知道事情的真相，更清楚地了解孩子的心理，有利于孩子的心理健康，而且可以增强孩子的自信，提高孩子的智力与口语表达能力等。

所以，父母不仅要给孩子申辩的权利，还要在生活中处处鼓励孩子多说话。这样，孩子在父母错批自己的时候，才能有胆量进行辩解；在被别人冤枉之时，也才敢说出事实真相……从而帮助孩子更好地成长、发展。